WEIHNACHTS BÄCKEREI

60 geniale Rezepte

WEIHNACHTS BÄCKEREI

60 geniale Rezepte

Koch dich glücklich!

CHRISTIAN

Inhalt

WARENKUNDE

Gewürze

Gewürznelken

Gewürznelken, meist »Nelken« genannt, sind die getrockneten vollständigen Blütenknospen des Gewürznelkenbaums. Sie finden in gemahlener oder ganzer Form Anwendung. Durch die enthaltenen ätherischen Öle sind sie intensiv im Geschmack. Sie kitzeln den Gaumen mit ihrem ganz typischem Aroma. Wer auf eine Nelke beißt, spürt sofort ein leicht taubes Gefühl auf der Zunge. Deshalb sollten Gewürznelken vor dem Servieren aus den Speisen entfernt werden. Für Backwaren und Süßspeisen gemahlene Gewürznelken verwenden. Da die ätherischen Öle sehr flüchtig sind, empfiehlt sich, die Nelken im Ganzen zu kaufen und erst kurz vor Gebrauch im Mörser zu zerstoßen.

Ingwer

Ingwer wird zum Würzen frisch, eingelegt und getrocknet, geschnitten oder gemahlen verwendet. Frischer Ingwer schmeckt zitronig, gefolgt von einer angenehmen Schärfe. Bei getrocknetem Ingwer rückt die Schärfe in den Vordergrund. Die Knolle ist äußerst vielseitig, sie passt sowohl zu pikanten als auch zu süßen Speisen und Backwaren. Zum Backen wird Ingwer meist pulverisiert oder kandiert verwendet.

Kardamom

Kardamom gehört zu den teuersten Gewürzen weltweit, kommt in unseren Küchen eher selten und allenfalls an Weihnachten in Stollen, Lebkuchen und Spekulatius zur Anwendung. Kardamomkapseln werden getrocknet, ganz oder gemahlen als Gewürz angeboten. Frisch im Mörser zerstoßen, verströmt er in der heimischen Küche sein intensives Aroma, das sich aus blumigen, holzigen, balsamischen und kampferartigen Tönen zusammensetzt. Kardamom, der botanisch gesehen zu den Ingwergewächsen zählt, besitzt ein feurig-würziges Aroma.

Piment

Da mit zunehmendem Reifegrad der Gehalt an ätherischen Ölen und Aroma nachlässt, werden die Früchte des Pimentbaums zur Verwendung als Gewürz grün und unreif geerntet. Damit sie ihr Aroma entwickeln, werden sie fermentiert und erhalten durch anschließende Trocknung ihre typische dunkelbraune Farbe. Piment ist ein wahres Aromenwunder und wird deshalb auch »Allgewürz« oder »Viergewürz« genannt. Er duftet und schmeckt nach Muskatnuss, Zimt, Nelken und Pfeffer und verleiht Weihnachtsgebäck eine würzige Note.

Sternanis

Der Echte Sternanis wächst als immergrüner Baum vor allem in tropischen Gebieten und kann eine Höhe von bis zu 20 Metern erreichen. Die sternförmigen Früchte des Sternanis gehören nicht nur zu den klassischen Zutaten für Lebkuchen und Co., sie sind zur Weihnachtszeit auch als Dekoration sehr beliebt. Sternanis wird häufig mit Anis verwechselt, dabei haben sie bis auf geschmackliche Ähnlichkeit wenig gemeinsam. Anis ist im Gegensatz zu Sternanis eine einjährige krautige Pflanze in der Familie der Doldenblütler und erreicht eine maximale Wuchshöhe von 60 Zentimetern. Sternanis schmeckt ein bisschen nach Lakritz, aber ist dabei süß, würzig und leicht feurig. Der größte Anteil an ätherischem Öl findet sich in der holzigen Fruchtwand, nicht in den Samen. Deshalb sollte zum Würzen auch die ganze Frucht verwendet werden. Gerne gibt man Sternanis zum Aromatisieren in Glühwein oder Punsch.

Vanille

Vanille ist die reife Kapselfrucht einer Orchideenart, die einem Veredelungsprozess unterzogen und anschließend getrocknet wird. Die »Königin der Gewürze« gibt Gebäck eine feine und delikate Note. In Kombination mit Zucker und Butter kommen ihre blumigen Noten besonders gut zur Geltung. Um an das süße Vanillemark zu gelangen, schneidet man die Schote mit einem sehr scharfen Messer vorsichtig der Länge nach auf und kratzt das Mark heraus. Mit der übrig bleibenden Schote kann man Vanillezucker selbst herstellen. Hierfür Zucker mit einer ganzen, ausgekratzten Vanilleschote in einer elektrischen Mühle extrafein zermahlen. In ein Vorratsglas gefüllt, ist so aromatischer Vanillezucker stets zur Hand.

Zimt

Zimt ist wohl das meistassoziierte Weihnachtsgewürz überhaupt. Ohne Zimtsterne fehlt Weihnachten die Würze. Sein Duft kann die Stimmung verbessern, den Geist anregen und das Wohlbefinden steigern. Man verwendet einen Teil der Rinde des Zimtbaums, die sich röhrenartig zum Stangenzimt zusammenrollt. Das braune Rindengewürz aus Ostindien und Sri Lanka wird in zwei Arten unterschieden: der Cassia-Zimt aus China und der teurere Ceylon-Zimt. Zimt erfreut sich großer Kombinierbarkeit und findet sich unter anderem in indischen Masalas, in der chinesischen Fünf-Gewürze-Mischung, im nordafrikanischen Ras el-Hanout und im deutschen Lebkuchengewürz.

Nüsse

Haselnüsse

Haselnüsse sind reich an hochwertigem Protein, ungesättigten Fettsäuren, Vitamin E, Kalzium, Magnesium, Eisen und Kupfer. Haselnüsse sind etwas kräftiger im Geschmack und harmonieren besonders mit dem Aroma von Schokolade. Fein gemahlen können sie in Plätzchenrezepten zum Teil Mehl und Fett ersetzen. Die runden Nüsse werden mit und ohne braune Häutchen angeboten. Wähle abgezogene Haselnüsse, wenn du den leicht bitteren Geschmack nicht magst. Aus gerösteten Haselnüssen entsteht mit Zucker und Schokolade Nussnugat, das ideal für Füllungen ist.

Mandeln

In ganzer Form, gestiftelt, gehobelt oder gemahlen – so vielfältig wie ihre Formen sind auch die Möglichkeiten, mit Mandeln zu backen. Mandeln sind zwar nicht kalorienarm, trotzdem sehr gesund und enthalten die Vitamine E und B, Mineralstoffe wie Kalzium, Magnesium, Kupfer, Zink, wertvolle Proteine und Ballaststoffe. Regelmäßiger Verzehr von Mandeln soll sogar das Herzinfarktrisiko senken. Mandeln verleihen den Plätzchen ein besonders intensives Aroma. Aus ihnen werden außerdem Marzipan und in Verbindung mit Karamell auch Krokant hergestellt.

Walnüsse

Walnüsse sind reich an wertvollen Omega-3-Fettsäuren, Vitamin E, Zink und Kalium. Walnüsse haben ein tolles Aroma, sind dabei aber durch ihre Häutchen, die viele Gerbstoffe enthalten, manchmal recht herb und auch bitter. Walnüsse werden vom Kuchen bis zum Eis in vielen Speisen genutzt. Halbiert sind Walnusskerne eine schöne Verzierung von Gebäck und Plätzchen.

Pistazien

Im gesamten Orient gelten sie als besondere Delikatesse: Pistazien. Wie Cashewkerne gehören auch Pistazien botanisch gesehen nicht zu den Nüssen, sondern zu den Früchten der Sumachgewächse. Mit ihrer leuchtend grünen Farbe sind sie hervorragend als Dekoration für Schokolade, Gebäck und Plätzchen geeignet. Verwendet werden ganze oder gehackte Kerne, die zum Backen ungesalzen sein sollten. Wenn du keine Pistazien zur Hand hast und auf ihre Farbe und das nussige Aroma verzichten kannst, ersetze die Kerne durch Mandeln.

Backzutaten

Kakaopulver

Kakaopulver besteht aus vermahlenen Kakaobohnen, denen zuvor der Großteil an Kakaobutter entzogen wurde. Grundsätzlich unterscheidet man zwei Sorten: Schwach entöltes Kakaopulver enthält noch mindestens 20 % Kakaobutter, hat ein kräftiges, leicht bitteres Schokoladenaroma und gilt als höherwertig. Stark entöltes Pulver enthält noch rund 10 % Restfett, wird dadurch besser löslich, verliert aber an Aroma. Zum Backen sind beide Sorten geeignet.

Kuvertüre

Kuvertüre gibt es in Weiß, Vollmilch und Zartbitter. Die Angabe des Kakaoanteils bezeichnet normalerweise den Anteil an Kakaomasse und -butter. Darüber hinaus besteht Schokolade hauptsächlich aus Zucker, Milch, Lecithin und Vanille. Der Kakaoanteil dunkler Kuvertüre liegt je nach Hersteller zwischen 60 % und 90 %, bei Vollmilchkuvertüre zwischen 30 % und 45 %. Zum Backen ist Kuvertüre mit 70 % Kakaoanteil besonders geeignet, weniger schmeckt nicht so schokoladig, mehr ist zu bitter. Weiße Kuvertüre ist technisch gesehen gar keine echte Schokolade, denn sie enthält keine Kakaomasse und besteht hauptsächlich aus Zucker, Kakaobutter und Milchpulver.

Marzipan

Marzipan gibt es in Blockform als Rohmasse zu kaufen. Die Rohmasse enthält weniger Zucker als Dekormarzipan. Es ist wichtig, die Marzipanrohmasse gut durchzukneten, um sie weich und geschmeidig zu machen. Nur so lässt sie sich gut ausrollen oder weiterverarbeiten. Klebt die Masse beim Ausrollen zu stark, die Hände mit etwas Puderzucker bestauben und dasNudelholz damit einreiben. Um festeres und helleres Marzipan zu erhalten, Puderzucker unter die Masse kneten. Doch Vorsicht bei der Menge! Puderzucker macht Marzipan trockener und brüchig. Unverarbeitete Marzipanmasse sollte in einem luftdicht verschlossenen Gefrierbeutel bei Zimmertemperatur gelagert werden.

Oblaten

Das lateinische Wort »oblatus«, was so viel wie »geopfert, dargebracht« heißt, ist namensgebend für die aus ungesäuertem Mehlteig gebackenen dünnen Platten. Der Name erinnert an die Oblate beziehungsweise Hostie in der Liturgie des Christentums. Als Backoblate wird das Gebäck in erster Linie als Unterlage für Makronen und Oblatenlebkuchen verwendet, so wird es außen knusprig und innen zart.

KÜCHENPRAXIS

Tipps und Tricks

Eier trennen

Um sicherzugehen, Eier am besten jeweils einzeln in eine Schüssel trennen. Das Ei zunächst nicht zu fest auf die Arbeitsfläche oder den Schüsselrand schlagen. An der Bruchstelle über einer Schüssel oder Tasse vorsichtig in möglichst gleich große Hälften teilen. Das Eiweiß tropft dabei bereits herab. Um den Rest zu separieren, das Eigelb vorsichtig abwechselnd von einer Schalenhälfte in die andere füllen. Sind Eiweiß und Eigelb vollständig getrennt, kann das Eigelb in eine separate Schale gegeben werden.

Eischnee

Für Eischnee und Baiser ist die Küchenmaschine am besten geeignet, aber natürlich kann man für kleinere Mengen auch ein elektrisches Handrührgerät verwenden. Die Grundlage für steifen Eischnee ist reines Eiweiß ohne jede Spur von Eigelb oder Schalen. Die Schüssel, in der der Eischnee geschlagen wird, und auch die Geräte müssen sauber und absolut fettfrei sein. Fett bleibt gern an Schüsseln aus Plastik haften, deshalb lieber Zubehör aus Metall oder Glas verwenden. Das Eiweiß sollte richtig steif aufgeschlagen werden, bevor man Zucker einrieseln lässt. Gibt man zu früh Zucker dazu, wird beispielsweise Baiser nicht die gewünschte Steifigkeit erreichen. Der fluffige Eischnee ist steif genug, wenn Spitzen stehen bleiben und man die Schüssel umdrehen kann, ohne dass etwas herausfällt. Sollte der Eischnee mal nicht steif werden, einfach eine Prise Salz oder ein paar Tropfen Zitronensaft dazugeben.

Kuvertüre temperieren

Nur wenn sich beim Schmelzen Zucker und Kakao (-butter) wieder verbinden, kann ein glänzender Schokoladenüberzug gelingen. So kann nichts schiefgehen: Einen Topf etwa zur Hälfte mit Wasser füllen, das Wasser erhitzen und eine dazu passende Metall- oder Glasschüssel hineinhängen. Dabei darf die Schüssel das Wasser nicht berühren. Die Kuvertüre hacken, etwa zwei Drittel in die Schüssel geben und die Kuvertüre schmelzen lassen. Die Schüssel vom Wasserbad nehmen und die restlichen Schokoladenstücke nach und nach unterrühren, bis die passende Temperatur erreicht ist. Um ein glänzendes Ergebnis zu erhalten, sollte weiße Kuvertüre 28–29 °C, Vollmilchkuvertüre 29–30 °C und dunkle Kuvertüre 31–32 °C haben. Hast du es mal eilig, können 10–15 % Pflanzen- oder Kokosfett mitgeschmolzen werden. Niemals sollte jedoch Flüssigkeit hinzugegeben werden!

Der perfekte Zuckerguss

Zuckerguss ist eine einfache Glasur aus Puderzucker und Wasser. Auch Saft von Zitrusfrüchten, Kaffee oder Schokolade kann verarbeitet werden. Zuckerguss eignet sich wunderbar zum Grundieren und Verzieren von Plätzchen, Gebäck und Kuchen. 250 g Puderzucker nach und nach mit 2–3 EL Wasser oder anderer Flüssigkeit verrühren, ohne dass Klümpchen entstehen. Bei Bedarf mehr Flüssigkeit hinzugeben, bis die gewünschte Konsistenz erreicht ist. Mit Zuckerguss lassen sich Zuckerperlen, kandierte Früchte oder andere Deko gut fixieren. Auch einfache Linien und Schriftzüge lassen sich problemlos daraus spritzen.

So gelingt Mürbeteig

Für den perfekten Mürbeteig sollten alle Zutaten Raumtemperatur haben und die Butter sollte weich sein. So lassen sich die Zutaten leichter und schneller miteinander verkneten. Damit der Teig nicht brüchig wird, muss er in Frischhaltefolie gewickelt mindestens 1 Stunde im Kühlschrank ruhen. Um ihn schließlich zu verarbeiten, rechtzeitig aus dem Kühlschrank nehmen und den Teig wieder Zimmertemperatur annehmen lassen.

Richtiger Umgang mit dem Spritzbeutel

Zum Befüllen des Spritzbeutels die gewünschte Tülle in die Öffnung an der Spitze schieben, den Beutel in einen Messbecher stellen und über die Ränder des Bechers stülpen. So lässt er sich mithilfe eines Teigschabers problemlos füllen. Dann aus dem Becher nehmen, den Rand wieder nach oben ziehen und die Masse vorsichtig in Richtung Tülle drücken, um Luftblasen zu entfernen. Den Beutel über der Füllung zusammendrehen, um ihn zu verschließen. Den Spritzbeutel senkrecht mit beiden Händen festhalten, dabei liegt die stärkere Hand oben und die andere etwa in der Mitte. Mit der oberen Hand wird nun Druck ausgeübt, mit der anderen der Fluss der Masse bestimmt. Je nach Inhalt und Rezept den Beutel mit mehr oder weniger Druck wie ein Euter ausquetschen.

Backzeiten

Jeder Backofen ist anders, deshalb sind die Backzeiten in den Rezepten lediglich als Richtwerte zu sehen. Generell gilt: den Backofen immer vorheizen und die vorgegebene Einschubhöhe beachten! Damit die Plätzchen gleichmäßig backen, sollte beim Ausrollen auf eine einheitliche Teigdicke geachtet werden. Nehmen doch manche Plätzchen schneller Farbe an, kann es helfen, das Backblech zwischendurch um 180 Grad zu drehen.

Plätzchen lagern

In der Weihnachtsbäckerei bleibt es meist nicht bei einer Sorte. Doch wie können die Köstlichkeiten auch bis zum 24. Dezember frisch und knackig bleiben? Wichtig ist, dass das Gebäck ausgekühlt und der Überzug getrocknet ist, bevor es lagenweise mit Backpapier getrennt in Vorratsdosen geschichtet wird. Die Plätzchen am besten nach Sorten trennen. Geeignete Dosen können aus Metall, Glas oder Plastik sein. Sie sollten dicht schließen, damit die Plätzchen nicht austrocknen und lange frisch bleiben. Lebkuchen sollen saftig bleiben, deshalb am besten in nicht komplett verschlossenen Dosen in einem Raum mit etwas Luftfeuchtigkeit (zum Beispiel im Keller) aufbewahren.

Teigreste

Das Backen dauert länger als gedacht und du hast unverarbeiteten Teig übrig? Die meisten Teige können über Nacht im Kühlschrank bleiben und am nächsten Tag weiterverarbeitet werden. Butterhaltige Teige können zudem im Gefrierbeutel bis zu 4 Wochen eingefroren werden. Für neue Plätzchenfreude bei Zimmertemperatur auftauen lassen und wie gewohnt verarbeiten.

REZEPTE

Zimtsterne

Für ca. 45 Stück · ca. 45 Min. + mind. 5 Std. Kühlzeit + ca. 15 Min. Backzeit pro Blech · leicht

ZUTATEN

ca. 250 g gemahlene Mandelkerne plus etwas für die Arbeitsfläche
2 TL Zimtpulver
250 g Puderzucker plus etwas für die Arbeitsfläche
3 Eiweiß

ZUM VERZIEREN

100 g Puderzucker
1–2 EL Zitronensaft

1 Die Mandeln auf die Arbeitsfläche häufen und in der Mitte eine Mulde formen. Den Zimt auf die Mandeln streuen und in die Mitte den Puderzucker und das Eiweiß geben. Von der Mitte aus zu einem Teig verkneten, der nicht mehr zu sehr an den Händen klebt. Falls nötig, noch Mandeln dazugeben.

2 In Frischhaltefolie gewickelt am besten über Nacht (mindestens jedoch 4 Stunden) kalt stellen. Anschließend auf der leicht mit Puderzucker oder Mandeln bestreuten Arbeitsfläche 4–5 mm dünn ausrollen. Sterne ausstechen und auf ein mit Backpapier belegtes Backblech legen. Nochmals etwa 1 Stunde kalt stellen.

3 Den Backofen auf 175 °C Ober-/Unterhitze vorheizen.

4 Die Sterne 10–15 Minuten goldbraun backen. Aus dem Ofen nehmen, mit einer Palette auf ein Kuchengitter setzen und auskühlen lassen.

5 Den Puderzucker mit dem Zitronensaft zu einem dickflüssigen Guss anrühren. Mit einer Spritztüte die Sterne nach Belieben verzieren.

Koch dich glücklich Mandeln gehören in der Weihnachtszeit einfach dazu, nicht nur in Plätzchen, sondern auch als gesunde Nascherei. Sie versorgen dich mit Magnesium für Herz und Kreislauf. Außerdem stärken sie die Nerven durch die enthaltenen B-Vitamine, geben dir durch Eisen Vitalität und halten dich mit Vitamin E jung.

Feine Nugat-Terrassen in Sternform

Für ca. 30 Stück **ca. 45 Min. + ca. 30 Min. Kühlzeit + ca. 12 Min. Backzeit pro Blech** **mittel**

ZUTATEN

300 g Weizenmehl (Type 405) plus etwas für die Arbeitsfläche
100 g Zucker
1 EL Vanillezucker
1 Msp. Abrieb einer unbehandelten Orange
1 Ei
200 g kalte Butter
ca. 150 g Nussnugat

ZUM VERZIEREN

etwas Puderzucker

1 Das Mehl mit Zucker, Vanillezucker und Orangenabrieb auf die Arbeitsfläche häufen, in der Mitte eine Mulde formen, das Ei hineingeben und die Butter in Flöckchen rundherum verteilen. Alles mit einer Teigkarte zu Bröseln durchhacken. Die Brösel mit den Händen schnell zu einem geschmeidigen Teig verkneten und in Frischhaltefolie gewickelt etwa 30 Minuten in den Kühlschrank stellen.

2 Den Backofen auf 180 °C Umluft vorheizen. Ein Backblech mit Backpapier auslegen.

3 Den Teig auf der bemehlten Arbeitsfläche etwa 3 mm dünn ausrollen. Mit sternförmigen Terrassen-Ausstechformen Plätzchen in drei Größen und gleicher Anzahl ausstechen, auf das Backblech legen und 10–12 Minuten hellgelb backen. Die Plätzchen noch heiß mit einer Palette auf ein Kuchengitter setzen und auskühlen lassen.

4 Das Nussnugat erwärmen, die einzelnen Sterne mit je einem Klecks von der Creme dazwischen der Größe nach zu Terrassen zusammensetzen. Mit Puderzucker bestauben und fest werden lassen.

Koch dich glücklich

Ob in Plätzchen oder in der Butter-Zucker-Glasur vom Stollen: Butter verleiht Süßem mit ihrem unverwechselbaren Geschmack eine besondere Note. Und viel besser als ihr Ruf ist sie noch dazu. In ihr sind die Vitamine A, E, D und K enthalten, die antioxidativ wirken, also deine Zellen schützen.

Schoko-Bärentatzen

Für ca. 40 Stück · ca. 45 Min. + ca. 10 Min. Backzeit pro Blech · mittel

ZUTATEN

ca. 250 g Weizenmehl (Type 405)
100 g Zucker
200 g gemahlene Haselnusskerne
1 Ei
1 TL Zimtpulver
½ TL gemahlene Gewürznelken
250 g Butter plus etwas geschmolzene Butter zum Einfetten
250 g Zartbitterkuvertüre

1 Den Backofen auf 220 °C Ober-/Unterhitze vorheizen.

2 Das Mehl mit dem Zucker und den Haselnüssen auf die Arbeitsfläche häufen. In der Mitte eine Mulde formen und das Ei hineinschlagen. Den Zimt und die Nelken dazugeben. Auf dem Mehlrand die Butter in Stücken verteilen. Mit einem Messer oder einer Teigkarte zu Bröseln hacken, anschließend mit den Händen schnell zu einem geschmeidigen Teig verkneten, der nicht mehr an den Händen klebt. Ist der Teig zu trocken, noch ein wenig kaltes Wasser zufügen.

3 Die Mulden eines Bärentatzen-Backblechs leicht mit geschmolzener Butter ausstreichen, eine dünne Teigschicht in die Förmchen drücken, auf einen Rost setzen und im vorgeheizten Backofen etwa 10 Minuten goldbraun und knusprig backen. Herausnehmen, etwas abkühlen lassen, dann aus den Förmchen nehmen und auf einem Kuchengitter auskühlen lassen.

4 Die Kuvertüre hacken und über einem heißen Wasserbad schmelzen lassen. Wieder etwas abkühlen lassen und das untere Ende der Tatzen in die Schokolade tauchen. Auf Backpapier legen und trocknen lassen.

Koch dich glücklich

Nervennahrung, Radikalenfänger und Energielieferant: Haselnüsse haben es echt in sich. Knabberst du täglich eine Handvoll, hast du bereits 50 % deines Tagesbedarfs an Vitamin E zu dir genommen. Und das reichlich enthaltene Lecithin fördert Gedächtnisleistung und Konzentrationsfähigkeit.

Mandelkringel (vegan)
mit heller Nugatfüllung

Für ca. 20 Stück · ca. 50 Min. + ca. 15 Min. Backzeit pro Blech · mittel

ZUTATEN
1 Vanilleschote
2 EL Veggie-Ei (Ei-Ersatzpulver)
150 g vegane Margarine, 120 g Zucker
140 g Weizenmehl (Type 405)
100 g gemahlene Mandelkerne, 50 g Speisestärke
4–5 EL Puderzucker, 100 g veganer Nugat
300 g vegane dunkle Kuvertüre

ZUM VERZIEREN
2 EL gehackte Mandelkerne

1 Den Backofen auf 180 °C Ober-/Unterhitze vorheizen. Zwei Backbleche mit Backpapier belegen.

2 Die Vanilleschote der Länge nach aufschneiden und das Mark herauskratzen. Das Ei-Ersatzpulver mit 80–100 ml Wasser anrühren (je nach Herstellerangaben). Die Margarine und den Zucker mit dem Handrührgerät schaumig schlagen. Den Ei-Ersatz und das Vanillemark unterrühren. Das Mehl mit Mandeln, Stärke und Puderzucker mischen und nach und nach unterarbeiten.

3 Den Teig in einen Spritzbeutel mit Sterntülle füllen, in Kringelform auf die Backbleche spritzen und etwa 15 Minuten goldgelb backen. Danach auf dem Blech auskühlen lassen.

4 Nugat klein schneiden und über dem heißen Wasserbad schmelzen lassen. Je zwei Kringel mit Nugat zusammenkleben und fest werden lassen.

5 Die Kuvertüre über dem heißen Wasserbad schmelzen. Die Mandeln in einer beschichteten Pfanne ohne Fett goldgelb rösten und auskühlen lassen. Die Kringel in die Kuvertüre tauchen, abtropfen lassen und mit Mandeln bestreuen.

Koch dich glücklich Bei Vanille denkst du nur an Eis und andere süße Leckereien? Einfach weil sie so toll schmeckt? Dabei tut sie auch einiges für deine Gesundheit: Neben der antibakteriellen Wirkung regt das Gewürz die Produktion des Glückshormons Serotonin an, wodurch Stress gemindert und deine Laune besser wird.

Springerle

Für ca. 40 Stück · ca. 45 Min. + mind. 27 Std. Wartezeit + ca. 20 Min. Backzeit pro Blech · schwer

ZUTATEN

1 Msp. Hirschhornsalz
2 cl Kirschwasser
4 Eier
500 g Puderzucker
500 g Weizenmehl (Type 405)
Speisestärke für die Arbeitsfläche
Butter zum Einfetten
1–2 EL Anissamen

1 Das Hirschhornsalz im Kirschwasser auflösen. Die Eier schaumig rühren. Den Puderzucker nach und nach dazugeben. Die Masse am besten in der Küchenmaschine kräftig rühren. Das Kirschwasser dazugeben und das gesiebte Mehl nach und nach unterrühren. Den Teig abdecken und mindestens 3 Stunden kalt stellen.

2 Anschließend auf der mit Speisestärke bestaubten Arbeitsfläche 8–10 mm dick ausrollen. Mit speziellen Springerle-Präge-Ausstechern Motive ausstechen oder den Teig in mit Speisestärke bestaubte Springerle-Modeln eindrücken und die einzelnen Bilder mit einem Teigrädchen oder einem Messer ausschneiden. Alle Teiglinge auf einem mit Speisestärke bestaubten Blech etwa 24 Stunden trocknen lassen.

3 Den Backofen auf 140 °C Umluft vorheizen. Ein Backblech mit Butter ausstreichen und mit Anis bestreuen. Die Springerle auf das Backblech setzen und etwa 20 Minuten hellgelb backen. Vom Blech nehmen und auskühlen lassen.

4 Vor dem Verzehren müssen die Springerle noch mindestens 2 Wochen gelagert werden, am besten in einer Blechdose mit Apfel.

Koch dich glücklich Anis gibt Plätzchen oft erst den richtigen Geschmack, der leicht süßlich ist und an Lakritze erinnert. Anethol im Anisöl ist der wichtigste Inhaltsstoff. Es wirkt schleim- und krampflösend, bronchienerweiternd und verdauungsfördernd.

Pfeffernüsse

Für ca. 35 Stück | ca. 50 Min. + ca. 12 Std. Kühlzeit + ca. 15 Min. Backzeit pro Blech | leicht

ZUTATEN

75 g Butter
125 g Rübensirup
75 g brauner Zucker
½ TL gemahlener Ingwer
½ TL gemahlener Anis
1 Msp. frisch gemahlener schwarzer Pfeffer
250 g Weizenmehl (Type 405)
1 Msp. Natron

ZUM VERZIEREN

30 g Pinienkerne
50 g geschälte Mandelkerne
30 g Haselnussblättchen
100 g Puderzucker
1–2 EL Zitronensaft

1 Die Butter mit Sirup, braunem Zucker, Ingwer, Anis und Pfeffer in einen Topf geben und aufkochen lassen. Von der Herdplatte nehmen, das Mehl mit dem Natron dazugeben und alles zu einem geschmeidigen Teig verrühren. Abkühlen lassen und abgedeckt über Nacht in den Kühlschrank stellen.

2 Den Backofen auf 180 °C Ober-/Unterhitze vorheizen. Ein Backblech mit Backpapier auslegen.

3 Den Teig nochmals kurz durchkneten und zu kleinen Kugeln mit einem Durchmesser von etwa 2 cm formen. Leicht flach drücken und auf das Blech legen. Nach Belieben mit den Nüssen belegen, leicht andrücken und 10–15 Minuten goldbraun backen. Vom Blech nehmen und auskühlen lassen.

4 Zum Verzieren 75 g Puderzucker mit dem Zitronensaft zu einem dickflüssigen Guss anrühren und einige der Pfeffernüsse noch warm damit bestreichen. Weitere Plätzchen, ebenfalls noch leicht warm, in den restlichen Puderzucker tauchen.

Koch dich glücklich Ingwer ist ein wahres Kraftpaket! Dank der enthaltenen Acetylsalicylsäure lindert er Schmerzen und ist ein wahres Wundermittel bei Erkältung. Mit heißem Wasser überbrüht kubelt er zudem den Stoffwechsel an und hilft bei Übelkeit.

HAND
MADE

Spitzbuben

Für ca. 35 Stück · ca. 45 Min. + ca. 30 Min. Kühlzeit + ca. 12 Min. Backzeit pro Blech · leicht

ZUTATEN

ca. 300 g Weizenmehl (Type 405)
100 g Zucker
2 EL Vanillezucker
1 Prise Salz
100 g gemahlene Mandelkerne
250 g Butter
2 Eier
ca. 150 g rotes Johannisbeergelee
1 EL Cassis-Likör

ZUM VERZIEREN

etwas Puderzucker

1 Das Mehl mit Zucker, Vanillezucker, Salz und Mandeln auf die Arbeitsfläche häufen. In der Mitte eine Mulde formen und die Butter in kleinen Stücken zusammen mit den Eiern unterhacken (am besten mit einer Teigkarte). Schnell zu einem glatten Teig verkneten. Nach Bedarf etwas Mehl oder kaltes Wasser ergänzen. In Frischhaltefolie wickeln und etwa 30 Minuten im Kühlschrank ruhen lassen.

2 Den Backofen auf 170 °C Umluft vorheizen. Ein Backblech mit Backpapier auslegen.

3 Den Teig portionsweise etwa 3 mm dünn ausrollen und Plätzchen (zum Beispiel Kreise mit gewelltem Rand) ausstechen. Bei der Hälfte in der Mitte einen kleinen Stern ausstechen und alle Plätzchen auf das Blech legen. Im Ofen 10–12 Minuten goldbraun backen. Anschließend vorsichtig vom Blech nehmen und auf einem Kuchengitter abkühlen lassen.

4 Das Gelee mit dem Likör glatt rühren (falls nötig, leicht erwärmen) und jeweils die Plätzchen ohne Loch damit bestreichen (Unterseite). Die übrigen Plätzchen mit Puderzucker bestauben, auf die Marmeladenhälften setzen und leicht andrücken.

Koch dich glücklich

Die Type beim Mehl spiegelt den Ausmahlungsgrad des Getreidekorns und den Gehalt an Mineralstoffen wieder, unter anderem von Kalium und Magnesium. Verwendest du also Weizenmehl Type 405, sind darin durchschnittlich 405 mg Mineralien auf 100 g Mehl enthalten.

Mohn-Vanillekipferl

vegan

Für ca. 60 Stück · ca. 45 Min. + ca. 1 Std. Kühlzeit + ca. 12 Min. Backzeit pro Blech · leicht

ZUTATEN

2 Vanilleschoten
280 g Weizenmehl (Type 405) plus etwas für die Arbeitsfläche
100 g gemahlene Mandelkerne
100 g feiner Zucker
225 g kalte vegane Margarine
gemahlener Mohn zum Wälzen
Orangenzucker zum Wälzen

1 Die Vanilleschoten längs halbieren und das Mark vorsichtig herauskratzen. Das Mehl mit Mandeln, Vanillemark und Zucker in einer Schüssel mischen und die Margarine in Flöckchen zugeben. Mit den Händen alle Zutaten krümelig kneten. Den Teig zwischen den Handflächen reiben, bis kleine Streusel entstehen. Dann alles rasch zu einem glatten Teig verkneten und zu einer Kugel formen. In Frischhaltefolie gewickelt etwa 1 Stunde in den Kühlschrank stellen.

2 Den Teig in vier Portionen teilen und auf einer bemehlten Arbeitsfläche zu Rollen mit einem Durchmesser von 2–3 cm formen.

3 Den Backofen auf 180 °C Ober-/Unterhitze vorheizen. Zwei Backbleche mit Backpapier belegen.

4 Die Rollen in etwa 1 cm dicke Scheiben schneiden und zu fingerdicken Nudeln rollen, dabei die Enden jeweils etwas schmaler auslaufen lassen. Aus den Teignudeln kleine Kipferl formen. Diese auf die vorbereiteten Bleche legen und etwa 12 Minuten goldbraun backen. Mit dem Papier vom Blech ziehen.

5 Etwas Mohn und Orangenzucker auf einem Teller vermischen und die noch warmen Kipferl darin wälzen. Auf einem Kuchengitter abkühlen lassen.

Koch dich glücklich Kleine schwarze Samen, großer Geschmack, gut für die Gesundheit: Mohn. Neben einer besonders günstigen Zusammensetzung an Fettsäuren punktet Mohn durch einen hohen Gehalt an Kalzium, Kalium, Eisen und Magnesium – Inhaltsstoffe, die Herz, Hirn und Muskeln stärken.

Terrassenplätzchen

Für ca. 15 Stück · ca. 60 Min. + mind. 1 Std. Kühlzeit + ca. 10 Min. Backzeit pro Blech · mittel

ZUTATEN

300 g Weizenmehl (Type 405) plus etwas für die Arbeitsfläche
1 Prise Salz, 120 g Zucker, 200 g kalte Butter, 1 Ei
150 g rotes Johannisbeergelee

1 Das Mehl auf die Arbeitsfläche häufen, mit Salz und Zucker mischen und in der Mitte eine Mulde formen. Die kalte Butter in kleine Stücke schneiden, um die Mulde verteilen, das Ei in die Mitte geben und sämtliche Zutaten mit dem Messer gut durchhacken, sodass kleine Teigkrümel entstehen. Mit den Händen schnell zu einem Teig verkneten, zu einer Kugel formen, in Frischhaltefolie wickeln und mindestens 60 Minuten kühl stellen.

2 Den Backofen auf 160 °C Umluft vorheizen.

3 Den Teig halbieren, ein Stück auf einer bemehlten Arbeitsfläche flach drücken und etwa 4 mm dünn ausrollen. Den übrigen Teig in den Kühlschrank legen, damit er nicht zu weich wird. Mit gewellten Plätzchenausstechern in unterschiedlicher Größe jeweils die gleiche Anzahl aus dem Teig ausstechen.

4 Die Plätzchen auf ein mit Backpapier belegtes Backblech legen und im Ofen 8–10 Minuten hellgelb backen. Auf diese Weise den ganzen Teig zu Plätzchen verarbeiten. Die fertigen Plätzchen 2–3 Minuten abkühlen lassen.

5 Die Marmelade erwärmen und damit die noch heißen Plätzchen großer und mittlerer Größe mit etwas Marmelade bestreichen, aufeinandersetzen und je ein kleines Plätzchen obenauf setzen. Einen Tupfen Marmelade daraufgeben und die Plätzchen erkalten lassen.

Koch dich glücklich Sind Eier nun gesund oder ungesund? Gerade an der Cholesterinfrage sind in der Vergangenheit viele Diskussionen entflammt. Klar enthalten sie Cholesterin. Aber eben auch die Vitamine A, D, E und K, B-Vitamine sowie Mineralstoffe wie Kalzium und Eisen. Außerdem noch Tryptophan, das die Serotoninbildung fördert und stimmungsaufhellend wirkt.

Kokos-Schoko-Makronen

Für ca. 35 Stück | ca. 35 Min. + ca. 15 Min. Backzeit pro Blech | mittel

ZUTATEN

3 Eiweiß
120 g Zucker
2 TL Zitronensaft
175 g Kokosraspel

ZUM VERZIEREN

100 g Zartbitterschokolade
1 TL Kokosfett

1 Das Eiweiß steif schlagen. Den Zucker nach und nach hinzufügen und zusammen steif schlagen, dann den Zitronensaft unterrühren. Die Kokosraspel unter den Teig ziehen.

2 Den Backofen auf 160 °C Ober-/Unterhitze vorheizen.

3 Den Teig in einen Spritzbeutel füllen und in kleinen Portionen auf ein mit Backpapier belegtes Backblech spritzen. Die Makronen etwa 15 Minuten goldbraun backen. Aus dem Ofen und vom Blech nehmen und auskühlen lassen.

4 Zum Verzieren die Schokolade hacken und mit dem Kokosfett über einem heißen Wasserbad schmelzen lassen. Die Makronen mit der Unterseite eintauchen, auf Backpapier setzen und trocknen lassen.

Koch dich glücklich Kokosraspel schmecken nicht nur exotisch-fruchtig, sondern bringen alle Nährstoffe der Kokosnuss, beispielsweise beachtliche Mengen an Ballaststoffen, mit und sorgen außerdem für einen Energiekick.

Florentiner

Für ca. 40 Stück · ca. 45 Min. + ca. 12 Min. Backzeit pro Blech · mittel

ZUTATEN

60 g getrocknete Aprikosen
75 g brauner Zucker
75 g Butter
125 ml süße Sahne
4 EL Honig
1 EL Weizenmehl (Type 405)
75 g gehackte Mandelkerne
75 g Mandelblättchen

ZUM VERZIEREN

125 g weiße Kuvertüre
1 TL Sonnenblumenöl

1 Die Aprikosen fein hacken. Den Zucker mit Butter, Sahne und Honig in einem Topf unter Rühren aufkochen lassen. Das Mehl und die Aprikosen unterrühren, 1–2 Minuten köcheln lassen, dann von der Herdplatte nehmen und gehackte Mandeln und Mandelblättchen unterziehen.

2 Den Backofen auf 160 °C Umluft vorheizen.

3 Von der Florentinermasse mit Teelöffeln kleine Portionen mit reichlich Abstand (etwa 4 cm) auf ein mit Backpapier belegtes Backblech setzen. Im Ofen etwa 12 Minuten goldbraun backen.

4 Aus dem Ofen nehmen und nach Belieben mithilfe eines Rings (Durchmesser 5 cm, innen mit Backtrennspray gefettet) in Form bringen. Dazu um die Taler setzen und rütteln oder glatt streichen. Auf dem Blech auskühlen lassen, anschließend am besten mit einer Palette lösen und umdrehen.

5 Die Kuvertüre hacken und mit dem Öl über einem heißen Wasserbad schmelzen. Die Unterseite der Florentiner mit der Schokolade überziehen und nach Wunsch mit einer Gabel ein Wellenmuster einziehen. Trocknen lassen.

Koch dich glücklich Aprikosen sind Vitalstoffbomben, die Stimmung und Konzentrationskraft verbessern und deine Haut zum Strahlen bringen. Alles ist drin, von den Vitaminen C und E über B-Vitamine bis zum Betacarotin. Dazu kommen Mineralien wie Kalium, Kalzium, Magnesium, Eisen und Natrium. Und das Beste: In den Trockenfrüchten ist die Wirkung im Vergleich zur frischen Frucht fünfmal so hoch.

Dominosteine

Für ca. 50 Stück | ca. 1 Std. + ca. 12 Std. Kühlzeit + ca. 30 Min. Backzeit pro Blech | mittel

FÜR DEN KUCHEN
40 g Butter
150 g Honig
150 g Zucker
2 Eigelb
350 g Weizenmehl (Type 405)
1 TL Lebkuchengewürz
75 g gemahlene Mandelkerne
1 TL Hirschhornsalz
1 Msp. Pottasche

ZUM FÜLLEN
200 g Marzipanrohmasse
125 g Puderzucker
2 cl Rum
200 g Orangenmarmelade

ZUM VERZIEREN
500 g Zartbitterkuvertüre
etwas Zuckerguss
etwas Zucker

1 Den Backofen auf 160 °C Umluft vorheizen.

2 Die Butter mit Honig und Zucker in einem Topf schmelzen und auflösen. In eine Schüssel füllen und das Eigelb sowie 50 ml Wasser unterrühren. Mehl, Lebkuchengewürz, Mandeln, Hirschhornsalz und Pottasche dazugeben und mit den Knethaken oder den Händen zu einem geschmeidigen Teig verarbeiten, der nicht mehr an den Händen klebt.

3 Zu einem Quadrat (20 × 20 cm) ausrollen und auf ein mit Backpapier ausgelegtes Backblech legen. Im Ofen etwa 30 Minuten backen. Aus dem Ofen nehmen und auskühlen lassen.

4 Für die Marzipanschicht die Marzipanrohmasse mit Puderzucker und Rum verkneten und zwischen Backpapier in der Größe der Kuchenplatte ausrollen.

5 Den Kuchen mit der Hälfte der Marmelade bestreichen. Mit der Marzipanschicht belegen und mit der restlichen Marmelade bestreichen. Abgedeckt am besten über Nacht ziehen lassen. Dann den Kuchen in gleich große Quadrate (etwa 7 × 7 cm) schneiden.

6 Die gehackte Kuvertüre über einem heißen Wasserbad schmelzen lassen und darin die Dominosteine wenden (am besten mit einer Pralinengabel). Auf einem Kuchengitter abtropfen und fest werden lassen. Nach Belieben mit Zuckerguss verzieren oder mit Zucker bestreuen.

Koch dich glücklich Lebkuchengewürz ist kein eigenes Gewürz, sondern ähnlich wie Curry eine Mischung, die üblicherweise aus Zimt und Piment (wirken beruhigend), Gewürznelken (lindern Schmerzen), Muskatnuss (anregende Wirkung auf Körper und Seele), Kardamom (regt den Stoffwechsel an) und Koriander (killt Keime) besteht.

Spekulatius

Für ca. 40 Stück | ca. 45 Min. + ca. 1 Std. Kühlzeit + ca. 15 Min. Backzeit pro Blech | mittel

ZUTATEN

40 g Marzipanrohmasse
175 g weiche Butter
125 g brauner Zucker
1 Prise Salz
1 Ei
1 TL Kakaopulver
1 TL Zimtpulver
½ TL gemahlene Gewürznelken
½ TL gemahlener Kardamom
125 g Weizenmehl (Type 405)
125 g Dinkelmehl (Type 603)
75 g gemahlene Mandelkerne
Speisestärke für die Arbeitsfläche
2–3 EL Milch (3,5 %)

1 Die Marzipanrohmasse mit einer Gabel fein zerdrücken. Mit Butter, Zucker und Salz cremig schlagen. Ei, Kakao, Zimt, gemahlene Gewürznelken und Kardamom unterrühren. Beide Mehlsorten und die Mandeln dazugeben und alles zu einem geschmeidigen Teig verkneten. Zu einer Kugel formen und in Frischhaltefolie gewickelt etwa 1 Stunde kalt stellen.

2 Den Backofen auf 180 °C Ober-/Unterhitze vorheizen.

3 Den Teig auf der leicht mit Speisestärke bestaubten Arbeitsfläche etwa 4 mm dünn ausrollen. Mit Speisestärke bestauben. Mit einer Spekulatiusform Rechtecke ausstechen und auf ein mit Backpapier belegtes Backblech legen.

4 Mit der Milch bestreichen und etwa 15 Minuten goldbraun backen. Vorsichtig vom Blech nehmen und auf einem Kuchengitter auskühlen lassen.

Koch dich glücklich Kardamom. Das klingt exotisch, oder? Ist es auch, denn dabei handelt es sich um ein orientalisches Gewürz, übrigens neben Safran und Vanille eines der teuersten. Mit seinen positiven Eigenschaften tut er auch viel für dein Wohlbefinden. So wirkt er entkrampfend, durchblutungs- und verdauungsfördernd sowie antibakteriell.

Spekulatius-Schneeflocken

Für ca. 40–50 Stück, ca. 45 Min. + 2 Std. Kühlzeit + ca. 10 Min. Backzeit pro Blech mittel

ZUTATEN

250 g Butter
1 Ei
300 g Zucker
100 g Marzipanrohmasse
2 TL Zimtpulver
1 Prise gemahlene Gewürznelken
1 Prise gemahlener Kardamom
1 TL Abrieb einer unbehandelten Zitrone
1 Prise Salz
60 g gemahlene Mandelkerne
500 g Weizenmehl (Type 405) plus etwas für die Arbeitsfläche

1 Zwei bis drei Backbleche mit Backpapier auslegen. Die Butter mit Ei, Zucker und Marzipanrohmasse verkneten. Dann nach und nach die Gewürze, Mandeln und Mehl dazugeben und unterkneten. Den Teig 2 Stunden kühl stellen.

2 Den Backofen auf 200 °C Ober-/Unterhitze vorheizen.

3 Den Teig auf einer mit wenig Mehl bestaubten Arbeitsfläche 5–10 mm dick ausrollen und Schneeflocken oder Sterne ausstechen. In der Mitte nach Wunsch zum späteren Aufhängen mit einer Lochtülle ein kleines Loch herausstechen. Die Plätzchen mit etwas Abstand auf das Blech setzen und etwa 10 Minuten goldbraun backen.

4 Aus dem Ofen nehmen, die Spekulatius mit einer Backpalette oder einem breiten Messer vom Blech heben und auf einem Kuchengitter abkühlen lassen. Nach Belieben auf ein Geschenkband auffädeln.

Koch dich glücklich Spekulatius, Zimtsterne, Bratäpfel und Glühwein: Das einzigartige Aroma von Zimt begleitet uns besonders in der Weihnachtszeit. Zimt als Gewürz macht Speisen bekömmlicher, beugt beispielsweise Völlegefühl vor und hilft gegen Übelkeit. Vielleicht ist er gerade deshalb ein klassisches Weihnachtsgewürz geworden. Achte darauf, dass du Ceylon-Zimt verwendest. Cassia-Zimt enthält viel Cumarin, ein Stoff, der als nicht unbedenklich gilt.

Mandelplätzchen

Für ca. 20–25 Stück ca. 30 Min. + ca. 30 Min. Kühlzeit + ca. 14 Min. Backzeit pro Blech leicht

ZUTATEN

100 g weiche Butter
150 g Erdnussbutter
200 g brauner Zucker
1 Ei
ca. 200 g Weizenmehl (Type 405)
1 Msp. Natron

ZUM VERZIEREN

kleine Mandelkerne

1 Den Backofen auf 180 °C Ober-/Unterhitze vorheizen. Ein Backblech mit Backpapier belegen.

2 Die Butter mit Erdnussbutter und Zucker cremig schlagen. Das Ei unterrühren. Das Mehl mit dem Natron dazugeben und alles zu einem geschmeidigen Teig verarbeiten. Zu einer Kugel geformt und in Frischhaltefolie gewickelt etwa 30 Minuten kalt stellen.

3 Den Teig zwischen Backmatten oder -papier etwa 5 mm dünn ausrollen. Kreise mit einem Durchmesser von etwa 7 cm ausstechen und auf das Backblech legen.

4 Die Teigkreise jeweils mit Mandeln belegen und 12–14 Minuten goldbraun backen. Kurz auf dem Blech abkühlen, anschließend auf einem Kuchengitter auskühlen lassen.

Koch dich glücklich

Natürlich stimmt es, dass Erdnussbutter eine Kalorienbombe ist. Andererseits sind in ihr auch erstklassige einfach ungesättigte Fettsäuren, die dein Herz-Kreislauf-System zu schätzen weiß. Außerdem gut für dich: Niacin (für zahlreiche Stoffwechselvorgänge), Vitamin E (Radikalenfänger, gut für die Haut) und Magnesium (gut für die Muskeln).

Safran-Stäbchen

Für ca. 25–30 Stück ca. 50 Min. + ca. 12 Std. Kühlzeit + ca. 15 Min. Backzeit pro Blech mittel

ZUTATEN

1 unbehandelte Orange
0,1 g gemahlener Safran
150 g weiche Butter
100 g Zucker
1 Msp. gemahlener Kardamom
1 Prise Salz
1 Ei
250 g Weizenmehl (Type 405)
75 g gemahlene Mandelkerne
200 g Orangenmarmelade

ZUM VERZIEREN

250 g Zartbitterkuvertüre

1 Die Orange heiß abbrausen und trockentupfen. Die Schale fein abreiben und den Saft einer Hälfte auspressen. 2 EL vom Saft leicht erwärmen und den Safran darin auflösen. Wieder abkühlen lassen.

2 Die Butter mit Orangenabrieb, Zucker, Kardamom und Salz cremig rühren, das Ei unterschlagen. Das Mehl mit den Mandeln sowie den Safran-Orangensaft hinzufügen und alles zu einem glatten Teig verarbeiten. Abgedeckt über Nacht in den Kühlschrank stellen. Den restlichen Orangensaft mit der Orangenmarmelade aufkochen, durch ein Sieb streichen und wieder abkühlen lassen.

3 Den Backofen auf 160 °C Umluft vorheizen. Ein Backblech mit Backpapier auslegen.

4 Den Teig portionsweise durch einen Drehwolf mit etwa 2 cm breitem Spritzgebäckaufsatz drehen. Etwa 5–6 cm lange Streifen abschneiden, auf das Backblech legen und 10–15 Minuten goldbraun backen. Kurz auf dem Blech und dann auf einem Kuchengitter auskühlen lassen.

5 Jeweils die Unterseite der Hälfte der Plätzchen mit der Marmelade bestreichen. Ein zweites Plätzchen daraufsetzen, andrücken und trocknen lassen.

6 Zum Verzieren die Kuvertüre hacken und über einem heißen Wasserbad schmelzen lassen. Etwas abkühlen lassen und ein Ende der Safran-Stäbchen in die Schokolade tauchen. Auf Backpapier trocknen lassen.

Koch dich glücklich Safran ist nicht nur das teuerste Gewürz der Welt, sondern macht dich richtig glücklich. Die Fäden der Pflanze haben eine antidepressive Wirkung und bescheren gute Laune. Das liegt am Safranal, das den Serotonin-Pegel erhöht.

24.

Bethmännchen

Für ca. 35–40 Stück · ca. 45 Min. + mind. 30 Min. Kühlzeit + ca. 20 Min. Backzeit pro Blech · mittel

ZUTATEN

2 Eiweiß
150 g Puderzucker
150 g Marzipanrohmasse
4 cl Rum
ca. 200 g fein gemahlene Mandelkerne
ca. 100 g geschälte Mandelkerne
1 Eiweiß zum Bestreichen

1 Das Eiweiß mit dem Puderzucker steif schlagen. Die Marzipanrohmasse mit dem Rum glatt rühren und mit den gemahlenen Mandeln unter den Eischnee mengen. Zu einem formbaren Teig verarbeiten und abgedeckt mindestens 30 Minuten kalt stellen.

2 Den Backofen auf 160 °C Umluft vorheizen.

3 Aus der Masse Bällchen formen und jeweils drei Mandeln andrücken. Auf ein mit Backpapier belegtes Backblech setzen, mit dem Eiweiß bepinseln und etwa 20 Minuten goldbraun backen.

4 Aus dem Ofen nehmen, auskühlen lassen und in einer Keksdose bis zum Verzehr aufbewahren.

Koch dich glücklich Zweifellos: Marzipan zahlt ordentlich auf deine Kalorienrechnung ein. Allerdings sorgt der sehr hohe Anteil gemahlener Mandeln dafür, dass B-Vitamine, Proteine und wichtige Mineralstoffe wie Magnesium und Kalium in ihm stecken. Achte aber trotzdem darauf, dass die Rohmasse nicht zu viel Zucker enthält.

Husarenkrapfen mit Marmeladenfüllung

Für ca. 60 Stück | ca. 45 Min. + ca. 10 Min. Backzeit pro Blech | leicht

ZUTATEN

100 g weiche Butter plus etwas Butter zum Einfetten
75 g Rohrzucker
2 EL Zitronensaft
2–3 EL süße Sahne
175 g Weizenmehl (Type 405)
50 g gemahlene Mandelkerne
200 g Johannisbeergelee

ZUM VERZIEREN

etwas Puderzucker

1 Den Backofen auf 180 °C Ober-/Unterhitze vorheizen. Zwei Backbleche mit Butter ausstreichen.

2 Die weiche Butter mit Zucker, Zitronensaft und Sahne mit einem elektrischen Handrührgerät cremig rühren, dann das Mehl und die Mandeln unterrühren. Den Teig zu kleinen Kugeln rollen und auf die vorbereiteten Bleche legen. Einen Kochlöffelstiel in kaltes Wasser tauchen und kleine Mulden in die Kugeln drücken.

3 Die Kugeln nacheinander etwa 10 Minuten backen, bis sie leicht gebräunt sind. Heiß vom Blech lösen und auf ein Kuchengitter geben. Das Johannisbeergelee erhitzen und in die Mulden der Plätzchen füllen. Erkalten und fest werden lassen. Die Plätzchen nach Belieben mit Puderzucker bestauben.

Koch dich glücklich

Die fruchtige Säure vom Zitronensaft verleiht auch Plätzchen eine angenehme Frische. Und Gutes für dein Wohlbefinden gibt's direkt dazu: Er enthält Vitamin C und Antioxidantien, hat eine antibakterielle Wirkung und stärkt das Immunsystem.

Schwarz-weißer Heidesand

Für ca. 40 Stück | **ca. 45 Min. + ca. 1 Std. Kühlzeit + ca. 10 Min. Backzeit** | **mittel**

ZUTATEN

180 g Butter
250 g Weizenmehl (Type 405)
80 g Zucker plus etwas zum Wälzen
2 TL Vanillezucker
Abrieb von 1 unbehandelten Zitrone
1 Prise Salz
1 Ei
1–2 TL Kakaopulver
1–2 TL Milch (3,5 %) plus etwas zum Bestreichen
Eiweiß zum Bestreichen

1 Die Butter in einem Topf zerlassen, leicht bräunen und abkühlen lassen.

2 Für den Teig das Mehl mit Zucker, Vanillezucker, Zitronenabrieb und Salz in einer Schüssel vermischen. Die Butter und das Ei dazugeben und alles schnell zu einem glatten Teig verarbeiten.

3 Den Teig halbieren. Eine Hälfte in Frischhaltefolie gewickelt 30 Minuten kalt stellen. Unter die andere Hälfte schnell den Kakao und die Milch kneten, dann ebenfalls in Frischhaltefolie gewickelt kalt stellen.

4 Beide Teige jeweils zu einer etwa 20 cm langen Rolle formen und diese mithilfe von Teighölzern 2 cm dick und rechteckig ausrollen. Einen Teig mit verquirltem Eiweiß bepinseln und den anderen Teig passgenau darauflegen. Behutsam andrücken und das Ganze in 2 cm breite Streifen schneiden.

5 Je zwei zweifarbige Streifen mit Eiweiß versetzt aneinanderkleben, sodass immer ein heller Teig neben dem dunklen zu liegen kommt. Alles behutsam zur Rolle formen. Diese mit Milch bestreichen, in Zucker wälzen und nochmals abgedeckt 30 Minuten kühlen.

6 Den Backofen auf 180 °C Umluft vorheizen. Ein bis zwei Backbleche mit Backpapier auslegen.

7 Von den Rollen etwa 4 mm dicke Scheiben abschneiden und 8–10 Minuten goldbraun backen.

Koch dich glücklich Schokolade macht glücklich. Und ohne Kakao keine Schokolade. Der wiederum liefert Inhaltsstoffe, die die Produktion verschiedener Glückshormone unterstützen. Er entspannt den Körper und sorgt gleichzeitig für mehr Konzentration und Energie. Plus: viel Kalzium für starke Muskeln, Knochen und Nerven.

Rumkugeln

Für ca. 40–50 Stück | ca. 40 Min. + ca. 2 Std. Kühlzeit | leicht

ZUTATEN

300 g Zartbitterkuvertüre
125 ml süße Sahne
5 cl Rum
125 g gemahlene Mandelkerne
Zucker zum Wälzen (alternativ Schokostreusel, Kokosraspel oder gemahlene Mandelkerne)

1 Die Kuvertüre klein hacken und in eine Schüssel geben. Die Sahne einmal aufkochen lassen, zur Kuvertüre geben und glatt verrühren. Den Rum und die Mandeln dazugeben und unterrühren. Die Pralinenmasse etwa 2 Stunden abgedeckt in den Kühlschrank stellen.

2 Anschließend mit einem Teelöffel kleine Portionen abstechen und zu Kugeln rollen (am besten mit sehr kalten Händen). Etwas Zucker auf einen Teller streuen und die Rumkugeln darin wälzen.

Koch dich glücklich Ja, Sahne ist sehr fett. Doch ungesund ist sie deshalb noch lange nicht. Sie enthält fettlösliche Vitamine, Eiweiß und viele gesättigte und einfach ungesättigte Fettsäuren, die dein Körper braucht, um gesund zu bleiben. Du siehst: Ab und zu etwas Sahne – das ist gar kein Problem.

Ausstecherle

Für ca. 45 Stück | ca. 40 Min. + ca. 30 Min. Kühlzeit + ca. 12 Min. Backzeit pro Blech | mittel

ZUTATEN

300 g Weizenmehl (Type 405) plus etwas für die Arbeitsfläche
200 g kalte Butter, 100 g Zucker, 1 Ei, 1 Prise Salz
Abrieb von 1 unbehandelten Orange

ZUM VERZIEREN

150 g Puderzucker
2–3 TL Zitronensaft
etwas grüne Lebensmittelfarbe
einige silberne Zuckerperlen

1 Das Mehl mit der Butter in Stücken, Zucker, Ei, Salz und Orangenabrieb schnell zu einem glatten Teig verarbeiten, nach Bedarf ein wenig kaltes Wasser oder Mehl ergänzen. Zu einer Kugel geformt und in Frischhaltefolie gewickelt etwa 30 Minuten kalt stellen.

2 Den Backofen auf 180 °C Ober-/Unterhitze vorheizen.

3 Den Teig auf der bemehlten Arbeitsfläche etwa 4 mm dünn ausrollen und Plätzchen nach Belieben (zum Beispiel Tannenbäumchen und Sterne in verschiedenen Größen) ausstechen. Auf ein mit Backpapier belegtes Backblech legen und 10–12 Minuten goldgelb backen. Vom Blech nehmen und abkühlen lassen.

4 Zum Verzieren den Puderzucker mit dem Zitronensaft zu einem Guss anrühren. Nach Belieben für die Bäumchen grün einfärben und alle Plätzchen mit Guss bestreichen. Einige Sterne mit Zuckerperlen verzieren und trocknen lassen. Den übrigen Guss in kleine Spritztüten füllen und einige Plätzchen mit kleinen Tupfen verzieren. Alles gut trocknen lassen.

Koch dich glücklich Orangen haben es in sich. Unter anderem den Mineralstoff Selen, der für den Aufbau von Antikörpern gegen Viren und Bakterien wichtig ist. Dazu kommt viel Vitamin C für die Bildung von Abwehrzellen. Vitamin B1 sorgt für gute Laune und das Vitamin B2 pflegt gestresste Winterhaut.

Nussbaiser

Für ca. 40 Stück · ca. 45 Min. + ca. 25 Min. Backzeit pro Blech · mittel

ZUTATEN

75 g geschälte Haselnusskerne
3 Eiweiß
1 TL Zitronensaft
Mark von 1 Vanilleschote
ca. 150 g Puderzucker
75 g Haselnussblättchen
150 g Zartbitterkuvertüre

1 Den Backofen auf 150 °C Umluft vorheizen.

2 Die Haselnusskerne im Blitzhacker fein mahlen. Eiweiß mit Zitronensaft und Vanillemark steif schlagen. Nach und nach den Puderzucker einrieseln lassen. Weiterschlagen, bis die Masse glänzt und Spitzen zieht.

3 Die gemahlenen Nüsse unterziehen und die Masse in einen Spritzbeutel mit glatter Tülle füllen. Mit etwas Abstand zueinander Tupfen von etwa 2 cm Durchmesser auf ein mit Backpapier belegtes Backblech setzen. Mit den Haselnussblättchen bestreuen und etwa 25 Minuten backen. Aus dem Ofen nehmen und auf dem Blech auskühlen lassen.

4 Die Kuvertüre hacken, über einem heißen Wasserbad schmelzen und wieder etwas abkühlen lassen. Die untere Fläche der Baisertupfer in die Schokolade tauchen und abgetropft auf einem Backpapier trocknen lassen.

Koch dich glücklich Haselnüsse helfen, den Cholesterinspiegel im Blut zu senken und stärken das Gedächtnis und die Nervenfunktionen – Stichwort: Nervennahrung. Auch bei Durchfall, Blähungen oder Muskelkrämpfen können die Inhaltsstoffe helfen. Selbst eine aphrodisierende Wirkung wird Haselnüssen zugeschrieben.

Ingwerplätzchen
mit und ohne Glasur

Für ca. 50 Stück **ca. 1 Std. + ca. 30 Min. Kühlzeit + ca. 15 Min. Backzeit pro Blech** **leicht**

ZUTATEN
125 g weiche Butter
150 g brauner Zucker
2 Eier
50 g Honig
1 TL frisch geriebener Ingwer
1 TL gemahlener Ingwer
1 Prise gemahlener Piment
1 Prise frisch geriebene Muskatnuss
1 Prise gemahlener Kardamom
125 g zarte Haferflocken
1 TL Kakaopulver
ca. 300 g Weizenmehl (Type 405) plus etwas für die Arbeitsfläche
1 TL Backpulver

ZUM VERZIEREN
150 g Puderzucker
2–3 TL Zitronensaft
75 g Zartbitterschokolade

1 Butter und Zucker mit dem Handrührgerät cremig rühren. Eier, Honig, frischen und gemahlenen Ingwer, Piment, Muskat und Kardamom unterrühren. Haferflocken, Kakao, Mehl und Backpulver dazugeben und gut unterrühren. Falls der Teig zu weich ist, noch etwas Mehl ergänzen. In Folie gewickelt etwa 30 Minuten im Kühlschrank ruhen lassen.

2 Den Backofen auf 170 °C Ober-/Unterhitze vorheizen. Ein oder zwei Backbleche mit Backpapier auslegen.

3 Den Teig auf der bemehlten Arbeitsfläche etwa 4 mm dünn ausrollen und Kreise ausstechen. Auf das Blech legen und etwa 15 Minuten backen. Danach mit dem Papier vom Blech ziehen und auskühlen lassen.

4 Den gesiebten Puderzucker mit dem Zitronensaft nach und nach zu einem Guss verrühren. Die Plätzchen damit bestreichen und trocknen lassen. Die Schokolade hacken, über dem heißen Wasserbad schmelzen und die Plätzchen damit in Streifen verzieren. Ebenso trocknen lassen.

Koch dich glücklich Haferflocken sind viel zu schade, um sie nur ins Müsli zu tun. Die enthaltenen B-Vitamine sorgen nicht nur für mehr Power, sondern zusammen mit Zink, Mangan und Kupfer auch für starke Fingernägel und reine, gesunde, schöne Haut.

Spritzgebäck

Für ca. 40–50 Stück · ca. 50 Min. + ca. 15 Min. Backzeit · leicht

ZUTATEN

1 Vanilleschote
150 g Butter
120 g Zucker
1 Ei
1 Eigelb
140 g Weizenmehl (Type 405)
100 g gemahlene Mandelkerne
50 g Speisestärke
150 g Zartbitterkuvertüre

1 Den Backofen auf 180 °C Ober- und Unterhitze vorheizen. Zwei Backbleche mit Backpapier auslegen.

2 Die Vanilleschote der Länge nach aufschneiden und das Mark vorsichtig herauskratzen. Butter und Zucker mit dem Handrührgerät schaumig schlagen. Ei, Eigelb und Vanillemark unterrühren. Das Mehl mit den gemahlenen Mandeln und der Speisestärke mischen und nach und nach in die Butter-Ei-Mischung einarbeiten.

3 Den Teig in einen Spritzbeutel mit Sterntülle füllen, in fingerlangen Stangen auf die Backbleche spritzen und 12–15 Minuten goldgelb backen. Auf dem Blech auskühlen lassen.

4 Die Kuvertüre hacken, über einem heißen Wasserbad schmelzen und wieder etwas abkühlen lassen. Die Gebäckstangen mit einem Ende hineintauchen, abtropfen lassen und zum Trocknen auf einem Backpapier ablegen.

Koch dich glücklich Der Vanille und besonderes ihrem Hauptaromastoff Vanillin werden verschiedene positive Wirkungen nachgesagt. So soll sie stimmungsaufhellend und beruhigend wirken. Außerdem regt sie die Verdauung an und hilft dabei, süße und fette Speisen besser zu verarbeiten.

Butterplätzchen
mit Aprikosenkonfitüre

Für ca. 50 Stück **ca. 1 Std. 15 Min. + mind. 1 Std. Kühlzeit + ca. 10 Min. Backzeit** **leicht**

ZUTATEN

1 Vanilleschote
500 g Weizenmehl (Type 405) plus etwas für die Arbeitsfläche
250 g Puderzucker
Abrieb von 1 unbehandelten Zitrone
2 Eier, 250 g kalte Butter
50 g Johannisbeerkonfitüre
50 g Aprikosenkonfitüre

ZUM VERZIEREN

etwas Puderzucker, einige silberne Zuckerperlen

1 Die Vanilleschote der Länge nach aufschneiden und vorsichtig das Mark herauskratzen. Mehl mit Puderzucker, Zitronenabrieb und Vanillemark auf die Arbeitsfläche häufen. Die Eier in die Mitte geben, die klein geschnittene Butter rundherum verteilen. Alles mit einem Messer durchhacken, dann mit den Händen zu einem festen Teig verarbeiten. In Frischhaltefolie gewickelt mindestens 1 Stunde kalt stellen.

2 Den Backofen auf 180 °C Umluft vorheizen. Zwei Backbleche mit Backpapier auslegen.

3 Den Teig auf der bemehlten Arbeitsfläche 3–4 mm dünn ausrollen. Mit einem runden Ausstecher Kreise von etwa 4 cm Durchmesser ausstechen, auf die Backbleche legen und etwa 10 Minuten goldgelb backen.

4 Die Plätzchen vorsichtig auf ein Kuchengitter setzen und auskühlen lassen. Die Hälfte der Plätzchen je zur Hälfte mit den beiden Konfitüren bestreichen. Die übrigen Plätzchen daraufsetzen und leicht andrücken. Mit Puderzucker bestauben und mit den Zuckerperlen verzieren.

Koch dich glücklich Neben viel Vitamin C enthalten Zitronen ätherische Öle, die desinfizierend und entzündungshemmend wirken. Plus: Zitronensäure fördert die Kalziumaufnahme. Das ist unter anderem wichtig zu wissen, wenn du keine Milchprodukte magst oder verträgst.

Anisplätzchen mit Zuckerperlen

Für ca. 40 Stück · ca. 35 Min. + mind. 30 Min. Kühlzeit + ca. 15 Min. Backzeit pro Blech · leicht

FÜR DIE PLÄTZCHEN

200 g weiche Butter
150 g Zucker
3 Eier
Abrieb von 1 unbehandelten Zitrone
1 Prise Salz
2 TL gemahlener Anis
1 EL Rum
100 g gemahlene Mandelkerne
300 g Weizenmehl (Type 405)

ZUM VERZIEREN

150 g Puderzucker
etwas Zitronensaft
einige Zuckerperlen

1 Die Butter cremig rühren. Nach und nach Zucker, Eier, Zitronenabrieb, Salz, Anis und Rum unterrühren. Die Mandeln mit dem Mehl mischen, dazugeben, alles schnell zu einem glatten Teig verarbeiten und in Folie gewickelt mindestens 30 Minuten kalt stellen.

2 Den Backofen auf 180 °C Ober-/Unterhitze vorheizen. Ein bis zwei Backbleche mit Backpapier auslegen.

3 Den Teig in zwei Portionen teilen und diese jeweils zu einer Rolle formen. Gleichmäßig dicke Scheiben abschneiden und diese zu Kugeln rollen. Leicht flach drücken, mit etwas Abstand zueinander auf das Blech setzen und 10–15 Minuten goldgelb backen. Aus dem Ofen nehmen und auskühlen lassen.

4 Den Puderzucker mit Zitronensaft dickflüssig zu einem Guss anrühren. Die Plätzchen damit einstreichen und mit Zuckerperlen bestreuen. Gut trocknen lassen.

Koch dich glücklich Die Karriere von Anis als Heilpflanze begann bereits in der Antike. Es lindert beispielsweise Bauch- und Kopfschmerzen, wirkt antibakteriell und entspannend. Auch eine aphrodisierende Wirkung wird Anis nachgesagt.

Thumbprints
mit Karamell und Schokolade

Für ca. 60 Stück · ca. 45 Min. + ca. 1 Std. 10 Min. Backzeit pro Blech · mittel

FÜR DIE KARAMELLCREME
2 l Milch (3,5 %)
340 g Zucker
1 Prise Natron
1 Msp. Mark einer Vanilleschote

FÜR DIE PLÄTZCHEN
250 g Weizenmehl (Type 405)
125 g Kakaopulver
2 TL Salz
225 g Butter
225 g Zucker
2 Eigelb
2 EL süße Sahne
Mark von 1 Vanilleschote
Zucker zum Wälzen

FÜR DIE SCHOKOPLÄTZCHEN
100 g Zartbitterkuvertüre

1 Für die Karamellcreme die Milch mit dem Zucker langsam erhitzen, bis sich der Zucker aufgelöst hat. Etwa 45 Minuten unter gelegentlichem Rühren einkochen lassen (Vorsicht: nicht überkochen oder anbrennen lassen!). Färbt die Milch sich goldgelb, Natron und Vanillemark dazugeben und unter ständigem Rühren zu einer dickflüssigen Creme einkochen (etwa 15 Minuten). Anschließend abkühlen lassen, dabei wird die Creme noch etwas fester.

2 Den Backofen auf 170 °C Umluft vorheizen.

3 Für die Plätzchen das Mehl in eine Schüssel sieben. Kakao und Salz untermengen. Die Butter mit dem Zucker cremig schlagen. Eigelb, Sahne und Vanillemark unterrühren. Die Mehlmischung daraufgeben und alles zu einem geschmeidigen Teig verarbeiten. Mit einem Teelöffel kleine Teigportionen abstechen und daraus Bällchen formen. In Zucker wälzen und mit Abstand zueinander auf ein mit Backpapier belegtes Backblech legen. Mit einem Kochlöffelstiel in die Mitte eine Mulde drücken und etwa 10 Minuten backen. Aus dem Ofen nehmen, falls nötig nochmals nachformen und auskühlen lassen.

4 Für die Karamellplätzchen die Karamellcreme gut durchrühren, in einen Spritzbeutel mit gezackter Tülle füllen und jeweils einen Tupfer in die Mulde von einer Hälfte der Plätzchen spritzen.

5 Für die Schokoplätzchen die Kuvertüre hacken, in einem heißen Wasserbad schmelzen und je einen Teelöffel der Masse in die Mulde der restlichen Plätzchen geben. Alle Plätzchen auf einem Kuchengitter trocknen lassen.

Koch dich glücklich Azteken und Maya nannten Kakao die »Nahrung der Götter«. Was vielleicht darin begründet ist, dass die Fülle an Inhaltsstoffen das Pulver zu einem Superfood mit Superpower macht. Er beugt Herzkrankheiten vor, ist ein natürlicher Energiespender, senkt den Blutdruck und schützt vor Erkältungen

Mokka-Plätzchen

Für ca. 40 Stück · ca. 40 Min. + ca. 20 Min. Backzeit pro Blech · leicht

ZUTATEN

3 Eiweiß
225 g Zucker
200 g gemahlene Mandelkerne
3–4 Tropfen Bittermandelöl
1–2 EL Kakaopulver
2 EL Speisestärke
1 TL Instant-Espressopulver
100 g Zartbitterschokolade
4 EL frisch gekochter Mokka
75 g weiße Kuvertüre

1 Den Backofen auf 170 °C Ober-/Unterhitze vorheizen.

2 Eiweiß steif schlagen, den Zucker einrieseln lassen und weiterschlagen, bis die Masse Spitzen zieht und glänzt. Die gemahlenen Mandeln mit Bittermandelöl, Kakao, Speisestärke und Espressopulver unter den Eischnee heben. Die Masse in einen Spritzbeutel mit großer Lochtülle geben, walnussgroße Tupfen auf ein mit Backpapier ausgelegtes Blech spritzen und etwa 20 Minuten backen. Aus dem Ofen nehmen, auf ein Kuchengitter setzen und abkühlen lassen.

3 Inzwischen die Schokolade hacken und im heißen Mokka schmelzen. Auf einem Stück Alufolie verstreichen und fest werden lassen. Anschließend hacken.

4 Die weiße Kuvertüre hacken, in einem heißen Wasserbad schmelzen und etwas abkühlen lassen. Dann in einen kleinen Spritzbeutel geben, ein kleines Loch abschneiden und die Kuvertüre in Fäden über die Plätzchen spritzen. Mit der Mokkaschokolade bestreuen und gut trocknen lassen.

Koch dich glücklich Schokolade gilt als Glücklichmacher und Seelentöster. Leider ist streng wissenschaftlich kaum etwas dran an dieser Meinung. Denn das Phenylethylamin, das zum Glück beitragen soll, ist in Schokolade in viel zu geringen Spuren enthalten. Aber ganz ehrlich: Wissenschaft ist nicht alles. Und der Genuss allein ist ja schon Glück pur.

Schokostangen

Für ca. 35 Stück ca. 35 Min. + ca. 30 Min. Kühlzeit + ca. 10 Min. Backzeit pro Blech leicht

ZUTATEN

200 g Butter
100 g Zucker
1 Ei
8 EL Milch (3,5 %)
200 g Weizenmehl (Type 405)
1 EL Kakaopulver
100 g Speisestärke
100 g Zartbitterkuvertüre

1 Den Ofen auf 190 °C Ober-/Unterhitze vorheizen.

2 Die Butter in eine Schüssel geben und cremig rühren, Zucker und Ei dazugeben und weiterrühren, bis die Masse schaumig wird. Milch und Mehl zusammen mit Kakao und Speisestärke darübersieben und unterrühren. Etwa 30 Minuten kühl stellen.

3 Den Teig in einen Spritzbeutel füllen, eine flache Tülle (Bandtülle) einsetzen und den Teig in flachen Stäbchen von etwa 10 cm Länge auf ein mit Backpapier ausgelegtes Backblech spritzen. Dann etwa 10 Minuten backen. Gut abkühlen lassen.

4 Die Kuvertüre hacken, im heißen Wasserbad schmelzen und etwas abkühlen lassen. Die Plätzchen jeweils seitlich eintauchen, etwas abtropfen lassen und auf Backpapier trocknen lassen.

Koch dich glücklich

Milch enthält viele Inhaltsstoffe wie Eiweiß, Vitamine und Spurenelemente. Besonders das Eiweiß kann dein Körper gut verarbeiten. Aber auch das Fett in der Milch ist wertvoll und kann leicht in Energie umgewandelt werden – vorausgesetzt, es hat eine hohe Qualität wie etwa in Vollfettmilch.

Nuss-Tannenbäume

Für ca. 40 Stück · ca. 50 Min. + ca. 30 Min. Kühlzeit + ca. 12 Min. Backzeit pro Blech · leicht

ZUTATEN

200 g Weizenmehl (Type 405)
75 g brauner Zucker, 1 EL Vanillezucker
1 Prise Salz, 75 g gemahlene Mandelkerne
175 g Butter, 1 Ei

ZUM VERZIEREN

50 g Haselnussblättchen
etwas brauner Zucker
100 g Puderzucker, 1–2 TL Zitronensaft
30 g Pinienkerne

1 Das Mehl mit braunem Zucker, Vanillezucker, Salz und Mandeln auf die Arbeitsfläche häufen. In der Mitte eine Mulde formen und die Butter in kleinen Stücken zusammen mit dem Ei unterhacken (am besten mit einer Teigkarte). Schnell zu einem glatten Teig verarbeiten. Nach Bedarf etwas Mehl oder kaltes Wasser ergänzen. In Frischhaltefolie gewickelt etwa 30 Minuten im Kühlschrank ruhen lassen.

2 Den Backofen auf 175 °C Ober-/Unterhitze vorheizen. Ein Backblech mit Backpapier auslegen.

3 Den Teig portionsweise 2–3 mm dünn ausrollen und mit Ausstechförmchen Tannenbäume in verschiedenen Größen ausstechen. Auf das Blech legen, einige mit den Haselnussblättchen bestreuen und 10–12 Minuten goldgelb backen. Vorsichtig vom Blech nehmen, einige Tannenbäume noch warm in braunem Zucker wenden und alle auf einem Kuchengitter auskühlen lassen.

4 Zum weiteren Verzieren den Puderzucker mit dem Zitronensaft zu einem dickflüssigen Guss anrühren. Ein paar Bäume mit dem Guss bestreichen und mit den Pinienkernen belegen.

Koch dich glücklich Klein, aber oho: Pinienkerne enthalten Unmengen der Vitamine B1, B2 und A. Die sind nicht nur fürs Immunsystem wichtig, sondern sind auch wichtig Helferlein, um deine Haut und deine Muskeln zu stärken.

Gefüllte Plätzchen
mit Äpfeln, Nüssen und Karamell

Für ca. 30 Stück | ca. 40 Min. + ca. 30 Min. Kühlzeit + ca. 35 Min. Backzeit pro Blech | schwer

FÜR DEN TEIG
ca. 375 g Weizenmehl (Type 405) plus etwas für die Arbeitsfläche
1 TL Backpulver, 120 g gemahlene Mandelkerne
200 g Zucker, 1 Prise Salz, Mark von ½ Vanilleschote
250 g Butter, 1 Ei

FÜR DIE FÜLLUNG
6–8 Karamellbonbons, 4 EL süße Sahne
4 EL Apfelmus, 50 g gemahlene Haselnusskerne

ZUM VERZIEREN
etwas Puderzucker

1 Für den Teig das Mehl mit Backpulver und Mandeln auf die Arbeitsfläche häufen und in der Mitte eine Mulde formen. Zucker, Salz und Vanillemark hineingeben. Die Butter in Stücken darauf verteilen, das Ei hineingeben und von der Mitte aus zu einem geschmeidigen Teig verarbeiten. In Frischhaltefolie gewickelt etwa 30 Minuten kalt stellen.

2 Für die Füllung die Karamellbonbons klein hacken und in einem Topf mit der Sahne unter Rühren schmelzen lassen. Das Apfelmus und die Haselnüsse einrühren und abkühlen lassen.

3 Den Backofen auf 180 °C Umluft vorheizen. Ein Backbleck mit Backpapier auslegen.

4 Den Teig auf der bemehlten Arbeitsfläche 3–4 mm dünn ausrollen und mit einem runden Ausstecher Plätzchen ausstechen. Aus einem Viertel der Plätzchen in der Mitte kleine Sterne ausstechen.

5 Die Füllung in der Mitte der Plätzchen verteilen und die restlichen Plätzchen sowie die Plätzchen mit den ausgestochenen Sternen auflegen. Auf das Backblech legen und etwa 20 Minuten backen. Abkühlen lassen und mit Puderzucker bestreuen.

Koch dich glücklich Haselnüsse sind ein Top-Fitnessfood: Lecithin macht deinen Kopf klar und erleichtert deinem Gehirn die Arbeit. Vitamin E sorgt für eine straffe und geschmeidige Haut, schon eine Handvoll am Tag reicht. Und im Vergleich zu Milch haben sie nahezu die doppelte Menge an Kalzium.

Erdnusssterne

Für ca. 50 Stück · ca. 35 Min. + ca. 30 Min. Kühlzeit + ca. 12 Min. Backzeit pro Blech · mittel

ZUTATEN

ca. 250 g Weizenmehl (Type 405) plus etwas für die Arbeitsfläche
75 g Puderzucker
Abrieb von ½ unbehandelten Zitrone
1 Msp. Mark einer Vanilleschote
1 Ei
2 EL cremige Erdnussbutter
125 g kalte Butter

ZUM VERZIEREN

200 g Erdnusskerne
200 g Zucker
2 EL süße Sahne

1 Mehl mit Puderzucker, Zitronenabrieb und Vanillemark auf die Arbeitsfläche häufen. In der Mitte eine Mulde formen, das Ei und die Erdnussbutter hineingeben und die klein geschnittene Butter rundherum verteilen. Alles zu Bröseln hacken, dann mit den Händen schnell zu einem geschmeidigen Teig verarbeiten, der nicht mehr an den Händen klebt. Bei Bedarf etwas kaltes Wasser oder Mehl ergänzen. In Frischhaltefolie gewickelt etwa 30 Minuten kalt stellen.

2 Den Backofen auf 180 °C Ober-/Unterhitze vorheizen. Ein Backblech mit Backpapier auslegen.

3 Den Teig auf der bemehlten Arbeitsfläche etwa 3 mm dünn ausrollen und mit Ausstechförmchen Sterne ausstechen. Auf das Backblech legen und 10–12 Minuten goldgelb backen.

4 Währenddessen die Erdnüsse in einer heißen Pfanne ohne Fett duftend rösten. Leicht abkühlen lassen und grob hacken. Den Zucker mit der Sahne und 2 EL Wasser in einer heißen Pfanne goldgelb karamellisieren lassen. Die Erdnüsse untermischen und jeweils etwa einen Teelöffel von der Masse auf jeden gebackenen Stern setzen. Das Papier vom Backblech ziehen und die Erdnusssterne auskühlen lassen.

Koch dich glücklich Schläfst du nachts manchmal schlecht? Dann gönne dir doch eine Handvoll Erdnüsse. Pur natürlich. Erdnüsse sind reich an der Aminosäure Tryptophan, die die körpereigene Produktion des Schlafhormons Melatonin fördert und damit eben den Schlaf.

Herzförmige Zitronen-plätzchen mit Zuckerperlen

Für ca. 35–40 Stück | ca. 1 Std. + ca. 30 Min. Kühlzeit + ca. 10 Min. Backzeit pro Blech | leicht

ZUTATEN

250 g Weizenmehl (Type 405) plus etwas für die Arbeitsfläche
60 g Zucker
1 EL Vanillezucker
1 Prise Salz
1 unbehandelte Zitrone
1 Ei
125 g kalte Butter

ZUM VERZIEREN

125 g Puderzucker
rosa und weiße Zuckerperlen

1 Das Mehl mit Zucker, Vanillezucker und Salz auf die Arbeitsfläche häufen. In der Mitte eine Mulde formen. Die Zitrone heiß abwaschen, trockentupfen und die Schale über die Mehlmischung reiben. Den Saft auspressen und zur Seite stellen. Das Ei in die Mulde aufschlagen, die Butter in kleinen Stücken am Rand verteilen. Alles mit einem großen Messer oder einer Teigkarte durchhacken, dann schnell mit den Händen zu einem glatten Teig verarbeiten. In Folie gewickelt etwas 30 Minuten kalt stellen.

2 Den Backofen auf 175 °C Ober-/Unterhitze vorheizen. Zwei Backbleche mit Backpapier auslegen.

3 Den Teig halbieren und auf der bemehlten Arbeitsfläche etwa 4 mm dünn ausrollen. Mit Ausstechförmchen Herzen in verschiedenen Größen ausstechen und auf die Bleche legen. 8–10 Minuten goldgelb backen, danach vom Blech nehmen und auf einem Kuchengitter auskühlen lassen.

4 Den Puderzucker mit etwas Zitronensaft zu einem dickflüssigen Guss rühren. Auf die Plätzchen streichen und mit Perlen verzieren. Trocknen lassen und luftdicht verpackt aufbewahren.

Koch dich glücklich Gut, Plätzchen sind nun nicht gerade günstig bei einer ernährungsbewussten Lebensweise, da reißt die Zitrone als Zutat nicht viel heraus. Aber so ganz generell können die sauren Früchte tatsächlich beim Abnehmen helfen. Das liegt an ihrem rekordverdächtigen Gehalt an Vitamin C. Und genau mit dessen Hilfe produziert dein Körper das für eine optimale Fettverbrennung wichtig Hormon Noradrenalin.

Mürbeteig-Spitzen

Für ca. 25 Stück | ca. 30 Min. + ca. 30 Min. Kühlzeit + ca. 12 Min. Backzeit pro Blech | leicht

ZUTATEN

250 g Weizenmehl (Type 405) plus etwas für die Arbeitsfläche
½ TL Backpulver
1 Prise Salz
100 g Butter
150 g Zucker
2 EL Vanillezucker
1 Ei

ZUM VERZIEREN

etwas Puderzucker

1 Das Mehl mit Backpulver und Salz vermischen. Die Butter mit Zucker und Vanillezucker schaumig schlagen. Das Ei unterrühren und nach und nach die Mehlmischung unterkneten, bis ein geschmeidiger Teig entstanden ist. In Frischhaltefolie gewickelt etwa 30 Minuten kalt stellen.

2 Den Backofen auf 160 °C Ober-/Unterhitze vorheizen. Ein Backblech mit Backpapier auslegen.

3 Den Teig halbieren und jeweils auf der bemehlten Arbeitsfläche 2–3 mm dünn ausrollen. Mit Ausstechformen mit gewelltem Rand verschiedene Plätzchen ausstechen. Nach Belieben mit einer Nadel einstechen und so zusätzlich verzieren.

4 Die Plätzchen auf das Backblech legen und 10–12 Minuten goldgelb backen. Vorsichtig vom Blech nehmen und auf einem Kuchengitter auskühlen lassen. Nach Belieben mit Puderzucker bestauben.

Koch dich glücklich Butter war lange Zeit regelrecht verpönt, erlebt gerade aber eine Trendwende, selbst Spitzenköche entdecken sie neu. Mit Recht. Denn sie ist nicht nur ein hervorragender Geschmacksträger: Butter enthält eine große Menge des fettlöslichen Vitamins A, das für Haut, Augen und Nerven gut ist. Das enthaltene Vitamin E ist wichtig für den Fettstoffwechsel und schützt deine Zellen vor freien Radikalen.

Hildaplätzchen
mit Haselnüssen

Für ca. 40 Stück · ca. 35 Min. + ca. 1 Std. Kühlzeit + ca. 10 Min. Backzeit pro Blech · mittel

ZUTATEN

ca. 300 g Weizenmehl (Type 405) plus etwas für die Arbeitsfläche
100 g Zucker, 2 EL Vanillezucker, 1 Prise Salz
100 g gemahlene Haselnusskerne
2 Eier, 250 g Butter
ca. 150 g rotes Gelee (Johannisbeere, Kirsche, Himbeere)

ZUM VERZIEREN

etwas Puderzucker

1 Das Mehl mit Zucker, Vanillezucker, Salz und Haselnüssen auf die Arbeitsfläche häufen. In der Mitte eine Mulde formen. Die Eier in die Mulde geben, die Butter in kleinen Stücken am Rand verteilen und mit einem großen Messer oder einer Teigkarte unterhacken. Schnell zu einem glatten Teig verarbeiten. Nach Bedarf etwas Mehl oder kaltes Wasser hinzufügen. In Frischhaltefolie gewickelt etwa 1 Stunde kalt stellen.

2 Den Backofen auf 200 °C Ober-/Unterhitze vorheizen. Zwei Backbleche mit Backpapier auslegen.

3 Den Teig auf der bemehlten Arbeitsfläche portionsweise 2–3 mm dünn ausrollen und mit Ausstechförmchen mit gewelltem Rand runde Plätzchen ausstechen. Bei der Hälfte in der Mitte einen kleinen Stern ausstechen, die Plätzchen auf die Bleche legen und etwa 10 Minuten goldgelb backen. Anschließend vorsichtig vom Blech nehmen und auf einem Kuchengitter abkühlen lassen.

4 Das Gelee leicht erwärmen und jeweils die Plätzchen ohne Stern damit bestreichen (Unterseite). Die restlichen Plätzchen dünn mit Puderzucker bestauben und daraufsetzen.

Koch dich glücklich Die Wunschnüsse aus »Drei Haselnüsse für Aschenbrödel« kennt sicher jeder, an dem Kultfilm führt in der Weihnachtszeit schließlich kein Weg vorbei. Auch für gesundheitliche Wünsche sind die kleinen Nüsse wie gemacht: Sie sind echtes Brainfood und stärken die Konzentration, ihre Vitamine wehren freie Radikale ab und gesunde Omega-6-Fettsäuren schützen das Herz.

Haselnussplätzchen mit Maronenfüllung

Für ca. 45 Stück | ca. 1 Std. 30 Min. + ca. 1 Std. Kühlzeit + ca. 12 Min. Backzeit pro Blech | mittel

FÜR DIE FÜLLUNG

125 g Maronenpüree
60 g Zucker
125 ml süße Sahne
1 Ei
2–3 TL Orangenlikör
½ TL Zimtpulver

FÜR DEN TEIG

225 g Weizenmehl (Type 405) plus etwas für die Arbeitsfläche
125 g gemahlene Haselnusskerne
1 TL Backpulver
125 g Zucker
1 Ei
175 g Butter

ZUM VERZIEREN

etwas Puderzucker

1 Das Maronenpüree mit Zucker, Sahne und Ei verrühren und unter Rühren aufkochen. Orangenlikör und Zimt unterrühren. Von der Herdplatte nehmen, abkühlen lassen und in den Kühlschrank stellen.

2 Das Mehl mit Haselnüssen, Backpulver und Zucker vermischen. Das Ei und die Butter in Stückchen dazugeben und alles zu einem glatten Teig verarbeiten. Bei Bedarf noch etwas Mehl oder kaltes Wasser dazugeben. In Folie gewickelt etwa 30 Minuten in den Kühlschrank legen.

3 Den Backofen auf 175 °C Ober-/Unterhitze vorheizen. Zwei Backbleche mit Backpapier auslegen.

4 Den Teig in vier Portionen teilen und auf der bemehlten Arbeitsfläche 3–4 mm dünn ausrollen. Daraus 4–5 cm große Kreise ausstechen. Die Teigreste wieder zusammenkneten, nochmals ausrollen und erneut Plätzchen ausstechen. Alle Plätzchen auf die Bleche legen und 10–12 Minuten backen. Danach vom Blech nehmen und auf einem Kuchengitter auskühlen lassen.

5 Die Maronencreme in einen Spritzbeutel mit Sterntülle füllen. Die Hälfte der Plätzchen mit der Creme bespritzen, die übrigen Plätzchen daraufsetzen und leicht andrücken. Mit Puderzucker bestauben.

Koch dich glücklich

Maronen sind kleine braune Kraftpakete, die es ab Oktober auf Märkten – auch auf Weihnachtsmärkten – gibt. Warum du sie auf jeden Fall naschen solltest? Weil sie dich mit einer Extraportion Kalium, Kalzium, Phosphor, Schwefel, Eisen und Magnesium versorgen. Dazu kommt der Radikalenfänger Vitamin E, Vitamin C für deine Abwehrkräfte sowie sämtliche B-Vitamine.

Zitronenplätzchen

Für ca. 20 Stück · ca. 45 Min. + ca. 1 Std. Kühlzeit + ca. 15 Min. Backzeit pro Blech · leicht

ZUTATEN

ca. 200 g Weizenmehl (Type 405) plus etwas für die Arbeitsfläche
50 g gemahlene Mandelkerne
80 g Puderzucker
1 Msp. Abrieb einer unbehandelten Zitrone
1 TL Lebkuchengewürz
1 Ei, 120 g kalte Butter

ZUM VERZIEREN

100 g Puderzucker
1–2 EL Zitronensaft

1 Das Mehl mit Mandeln, Puderzucker, Zitronenabrieb und Lebkuchengewürz auf die Arbeitsfläche häufen. In der Mitte eine Mulde formen. Das Ei hineingeben und die Butter in Stücken am Rand verteilen. Alles mit einem großen Messer oder einer Teigkarte durchhacken, dann mit den Händen schnell zu einem geschmeidigen Teig verarbeiten. In Frischhaltefolie gewickelt etwa 1 Stunde kalt stellen.

2 Den Backofen auf 180 °C Umluft vorheizen. Ein Backblech mit Backpapier auslegen.

3 Den Teig auf der bemehlten Arbeitsfläche etwa 3 mm dünn ausrollen. Nach Belieben mit Ausstechformen Kreise und Sterne ausstechen, auf das Backblech legen und 12–15 Minuten goldgelb backen. Die Plätzchen vorsichtig auf ein Kuchengitter setzen und auskühlen lassen.

4 Den Puderzucker mit dem Zitronensaft zu einem dickflüssigen Guss anrühren. In eine kleine Spritztüte füllen und die Plätzchen in hübschen Mustern verzieren. Trocknen lassen und luftdicht verpackt aufbewahren.

Koch dich glücklich Sauer macht nicht nur lustig, sondern ist auch gesund. Bestes Beispiel: die Zitrone. Ihr hoher Kaliumgehalt unterstützt dein Gehirn und die allgemeine Arbeit deines Nervensystems. Darüber hinaus beinhaltet sie diverse Antioxidantien, die deinem Körper helfen, schädliche freie Radikale zu bekämpfen – sie sind also auch gut für die Haut.

Karamell-Erdnuss-Plätzchen

Für ca. 25–30 Stück | ca. 30 Min. + ca. 1 Std. Kühlzeit + ca. 10 Min. Backzeit pro Blech | leicht

ZUTATEN

150 g brauner Zucker
1 TL Vanillezucker
150 g Butter
250 g Weizenmehl (Type 405) plus etwas für die Arbeitsfläche
½ TL Backpulver
½ TL Salz
1 Ei
125 g Erdnussbutter
1 Prise Zimtpulver
100 g Erdnusskerne

1 Zucker, Vanillezucker und Butter unter Rühren miteinander erhitzen, bis sich der Zucker aufgelöst hat und ein wenig karamellisiert ist. Abkühlen lassen.

2 Das Mehl mit Backpulver und Salz mischen. Ei, Erdnussbutter, Butter-Zucker-Mischung und Zimt verrühren. Die Mehlmischung dazugeben und alles zu einem glatten Teig verarbeiten. Den Teig in Folie gewickelt etwa 1 Stunde kalt stellen. In der Zwischenzeit die Erdnüsse hacken.

3 Den Backofen auf 180 °C Ober-/Unterhitze vorheizen. Ein Backblech mit Backpapier auslegen.

4 Den Teig auf der leicht bemehlten Arbeitsfläche zu einer Rolle formen und in 25–30 Stücke schneiden. Diese schnell zu Kugeln formen, auf das Backblech geben, flach drücken und mit den gehackten Erdnüssen bestreuen. Etwa 8 Minuten leicht gebräunt backen. Aus dem Ofen nehmen und auf einem Kuchengitter abkühlen lassen.

Koch dich glücklich Zimt duftet nicht nur gut und veredelt Gebäck mit seinem charakteristischen Aroma. Bereits mit kleinen Mengen versorgt das feine Gewürz deinen Körper mit einer Fülle an Nährstoffen. Nur ein Beispiel: Ein einziger Teelöffel gemahlener Zimt enthält so viele Antioxidantien wie eine halbe Tasse Blaubeeren und deckt 16 % des Tagesbedarfs an Mangan.

White Choc Cranberry Cookies

Für ca. 50 Stück · ca. 40 Min. + mind. 1 Std. Kühlzeit + ca. 12 Min. Backzeit pro Blech · leicht

ZUTATEN

125 g getrocknete Cranberrys
150 g weiche Butter
150 g brauner Zucker
2 TL Vanillezucker
2 EL Honig
2 Eier
350–400 g Weizenmehl (Type 405) plus etwas für die Arbeitsfläche
1 TL Backpulver
1 Msp. Salz
100 g weiße Kuvertüre

1 Die Cranberrys klein hacken. Die weiche Butter in einer großen Rührschüssel cremig rühren. Dann nach und nach Zucker, Vanillezucker, Honig und Eier unterrühren. Das Mehl mit Backpulver und Salz mischen und mit den Cranberrys unterkneten. Den Teig auf der bemehlten Arbeitsfläche zu einer Rolle mit etwa 5 cm Durchmesser formen und in Folie gewickelt mindestens 1 Stunde kalt stellen.

2 Den Backofen auf 180 °C Ober-/Unterhitze vorheizen. Ein bis zwei Backbleche mit Backpapier auslegen.

3 Die Teigrolle mit einem scharfen Messer in 5–10 mm dicke Scheiben schneiden, diese leicht nachformen und mit etwas Abstand zueinander auf das Blech setzen. 10–12 Minuten goldgelb backen, dann aus dem Ofen nehmen und auf einem Kuchengitter abkühlen lassen.

4 Die weiße Kuvertüre hacken, in einem heißen Wasserbad schmelzen, etwas abkühlen lassen, in einen kleinen Einwegspritzbeutel geben, eine Minispitze abschneiden und die Kuvertüre im Linienmuster auf die Cookies spritzen.

Koch dich glücklich Cranberrys: kleine Beeren, die es richtig in sich haben. Sie stärken das Immunsystem und stoppen Magenbeschwerden. Neben Mineralstoffen wie Eisen, Kalium und Natrium steckt in ihnen eine Fülle von Vitaminen und damit Antioxidantien, die freie Radikale neutralisieren.

Cigarettes russes

Für ca. 30–40 Stück ca. 30 Min. + mind. 2 Std. Kühlzeit + ca. 30 Min. Backzeit mittel

ZUTATEN

6 Eiweiß
450 g Zucker
150 g Weizenmehl (Type 405)
1 Prise Salz
150 g zerlassene Butter
1 EL süße Sahne
Mark von 1 Vanilleschote

ZUM VERZIEREN

120 g weiße Kuvertüre
1 EL Sonnenblumenöl
ca. 60 g gehackte Mandeln, geröstet

1 Eiweiß verquirlen. Den Zucker mit Mehl und Salz in einer Schüssel vermengen und in der Mitte eine Mulde formen. Eiweiß, Butter, Sahne und Vanillemark hineingeben und alles zu einem glatten Teig verarbeiten. Abgedeckt mindestens 2 Stunden (besser über Nacht) kalt stellen.

2 Den Backofen auf 220 °C Ober-/Unterhitze vorheizen. Das Backblech mit Backtrennspray besprühen.

3 1–2 EL vom Teig auf das Backblech geben und mit einem Löffelrücken zu einem dünnen Oval (etwa 15 × 8 cm) ausstreichen. Das Blech mit Teigovalen bedecken und etwa 6 Minuten backen, bis die Ränder goldgelb gefärbt sind. Nach Belieben mit zwei Backblechen arbeiten, bis der Teig aufgebraucht ist, und das Backblech vor dem Aufstreichen des Teiges immer mit Backtrennspray besprühen.

4 Die gebackenen Ovale aus dem Ofen nehmen und mit einem Messer oder einer Palette vom Blech nehmen. Auf der Arbeitsfläche um einen Holzstab (zum Beispiel Kochlöffelstiel) wickeln. Dabei zügig arbeiten, damit der Teig nicht zu schnell abkühlt und dadurch nicht mehr formbar ist. Sollte der Teig beim Formen schon zu kalt sein, einfach nochmals auf das Blech geben und etwa 30 Sekunden in den Ofen schieben. Alle Keksröllchen auf einem Kuchengitter auskühlen lassen.

5 Zum Verzieren die Kuvertüre hacken und mit dem Öl über einem heißen Wasserbad schmelzen lassen. Etwas abkühlen lassen und die Enden der Keksröllchen in die Schokolade tauchen. Anschließend in die Mandeln tauchen oder damit bestreuen und auf Backpapier trocknen lassen.

Koch dich glücklich Sonnenblumenöl wird eine entschlackende und entgiftende Wirkung nachgesagt. Es ist reich an Vitamin E und es enthält weniger gesättigte Fettsäuren als beispielsweise Olivenöl – und je weniger gesättigte Fettsäuren ein Öl enthält, desto besser.

NOËL

Linzer Schnitten

Für ca. 30 Stück   ca. 45 Min. + ca. 30 Min. Backzeit pro Blech + ca. 30 Min. Abkühlzeit   mittel

ZUTATEN

225 g Butter, 225 g Zucker, 1 TL Backpulver, ¼ TL Salz 1 Ei, Mark von 1 Vanilleschote, einige Tropfen Bittermandelaroma, 275 g Weizenmehl (Type 405) 150 g gehackte Mandelkerne, 300 g Fruchtgelee (z. B. Himbeere, Erdbeere oder Aprikose)

FÜR DIE GLASUR

60 g Puderzucker, einige Tropfen Bittermandelaroma 1–2 TL Milch (3,5 %)

1 Den Backofen auf 150 °C Ober-/Unterhitze vorheizen. Ein Backblech mit Backpapier auslegen.

2 Die Butter schaumig schlagen. Zucker, Backpulver und Salz unterrühren. Ei, Vanillemark und Bittermandelaroma unterrühren und mit dem Mehl zu einem Teig verarbeiten, der sich vom Schüsselrand löst.

3 Den Teig dritteln und jeweils zu etwa 25 cm langen Rollen formen. Die Rollen rundherum in den gehackten Mandeln wenden und mit reichlich Abstand zueinander auf das Backblech legen. Jede Rolle etwa 2,5 cm dick flach drücken. Mit einem Löffelrücken in der Mitte etwa 1 cm tief und 2,5 cm breit eine Rille formen.

4 Etwa 30 Minuten backen, bis die Ränder leicht gebräunt sind. Aus dem Ofen nehmen und abkühlen lassen. Falls nötig, die Mulden nachformen. Auf einem Kuchengitter auskühlen lassen.

5 Das Gelee glatt rühren (nach Bedarf kurz erwärmen) und in die Rillen füllen. Trocknen lassen. Den Puderzucker mit dem Bittermandelaroma und der Milch zu einem dünnflüssigen Guss anrühren und über das Gebäck träufeln. Trocknen lassen und anschließend in 2–3 cm breite Streifen schneiden.

Koch dich glücklich Kein Kipferl ohne Vanille, kein Sommer ohne Vanilleeis, dieses Gewürz ist aus unserer Küche nicht mehr wegzudenken. Aber die »Königin der Gewürze« ist nicht nur lecker, sondern macht auch glücklich. Sie regt nämlich die Ausschüttung des Glückshormons Serotonin an.

Panforte

Für 1 Springform (26 cm Durchmesser) | ca. 30 Min. + ca. 30 Min. Backzeit | leicht

ZUTATEN

200 g Haselnusskerne
100 g geschälte Mandelkerne
50 g Pistazienkerne
150 g getrocknete Feigen
150 g Rosinen
150 g Puderzucker, 100 g Honig
¼ TL Zimtpulver
¼ TL gemahlene Gewürznelken
1–2 EL Weizenmehl (Type 405)

ZUM VERZIEREN

etwas Puderzucker

1 Den Backofen auf 160 °C Umluft vorheizen. Die Springform mit Backpapier auslegen.

2 Haselnüsse, Mandeln und Pistazien in einer Pfanne ohne Fett unter Rühren kurz anrösten. Abkühlen lassen, die Haut der Haselnüsse abreiben und alle Kerne grob hacken. Die Feigen in kleine Würfel hacken, in eine Schüssel geben und mit den Rosinen und den Nüssen mischen.

3 Den Puderzucker mit dem Honig in einer Metallschüssel auf ein heißes Wasserbad setzen. Bei geringer Temperatur ständig rühren, bis die Masse geschmolzen ist und Fäden zieht. Zimt und Nelkenpulver untermischen. Unter Rühren etwas abkühlen lassen.

4 Die Honigmasse unter die vorbereitete Nussmischung rühren und 1–2 EL Mehl unterheben. In die Springform füllen und glatt streichen.

5 Im Backofen 25–30 Minuten backen. Abkühlen lassen und aus der Form lösen. Mit Puderzucker bestauben und in Stücke geschnitten servieren.

Koch dich glücklich

Feigen sind eine süße Delikatesse und supergesund. Nicht umsonst haben die Kreter schon vor etwa 3.500 Jahren die Inhaltsstoffe zu schätzen gewusst. Vor allem in den getrockneten Früchten kommen viele Ballaststoffe vor, die verdauungsfördernd sind. Und neben den Vitaminen A, B1, B2, B6, C, Folsäure und Niacin enthalten sie viel Kalium, das für den Energiestoffwechsel wichtig ist.

Minipanettone mit Walnüssen

Für 6–8 Minipanettone | **ca. 45 Min. + ca. 1 Std. 30 Min. Ruhezeit + ca. 30 Min. Backzeit** | **schwer**

ZUTATEN

½ Würfel frische Hefe (21 g)
ca. 160 ml lauwarme Milch (3,5 %)
400 g Weizenmehl (Type 405)
100 g gemahlene Walnusskerne
1 Prise Salz
175 g Zucker
4 Eigelb
200 g weiche Butter
100 g Sultaninen
4 cl Cognac
100 g getrocknete Aprikosen
80 g gehackte Walnusskerne
1 Eiweiß

ZUM VERZIEREN

etwas Puderzucker

AUSSERDEM

6–8 Backförmchen, 8–10 cm Ø, 8 cm hoch

1 Die Hefe zerbröseln und in lauwarmer Milch auflösen. Mehl, gemahlene Walnüsse, Salz und Zucker einrühren. Eigelb und Butter in Stückchen dazugeben und alles zu einem geschmeidigen Teig verarbeiten. Abgedeckt an einem warmen Ort etwa 45 Minuten auf etwa das doppelte Volumen gehen lassen.

2 Währenddessen die Sultaninen mit dem Cognac in eine Schüssel geben. Die Aprikosen hacken und untermischen.

3 Sechs bis acht kleine Backförmchen mit Backpapier auslegen, dabei den Rand leicht überstehen lassen.

4 Die Früchte und die gehackten Walnüsse unter den Hefeteig kneten und nochmals etwa 30 Minuten gehen lassen. Dann den Teig in Stücke teilen, zu Kugeln formen und diese in die Formen geben. Nochmals 15 Minuten gehen lassen.

5 Den Backofen auf 180 °C Ober-/Unterhitze vorheizen.

6 Das Eiweiß verquirlen und den Teig damit bestreichen. Im Ofen etwa 30 Minuten goldgelb backen (Stäbchenprobe). In den Förmchen auskühlen lassen. Aus den Formen nehmen und mit Puderzucker bestauben.

Koch dich glücklich Wenn es um Antioxidantien geht, macht Walnüssen so schnell keiner etwas vor: Eine Handvoll liefert fast doppelt so viele wie die gleiche Menge anderer Nüsse, also volle Kraft im Kampf gegen freie Radikale und ein optimaler Schutz für deine Zellen.

Zelten

Für 1 Springform (20 cm Durchmesser) ca. 45 Min. + ca. 1 Std. Backzeit leicht

ZUTATEN

150 g Butter plus weiche Butter für die Form
150 g Rosinen, 150 g Korinthen, je 25 g gewürfeltes Orangeat und Zitronat, 40 ml Whisky
1 TL Abrieb einer unbehandelten Zitrone
1 TL Abrieb einer unbehandelten Orange
150 g brauner Zucker, 3 Eier
200 g Weizenmehl (Type 405), ½ TL Backpulver
50 g gemahlene Mandelkerne
ca. 100 ml Milch (3,5 %)

ZUM VERZIEREN

75 g Belegkirschen, ca. 50 g geschälte Mandelkerne
5 Orangeatstreifen, 5 Zitronatscheiben

1 Den Backofen auf 160 °C Ober-/Unterhitze vorheizen. Die Springform mit Butter ausstreichen.

2 Die Rosinen grob hacken und mit Korinthen, Orangeat, Zitronat, Whisky, Zitronen- und Orangenabrieb in einer Schüssel vermengen. 150 g Butter mit dem Zucker mit dem Handrührgerät cremig schlagen. Nach und nach die Eier hinzufügen, nach jeder Zugabe gründlich unterschlagen, sodass eine schöne Schaummasse entsteht. Die Mischung in die Schüssel mit den Früchten geben.

3 Das Mehl mit dem Backpulver mischen und auf die Schaummasse sieben. Mandeln und Milch dazugeben und alle Zutaten mit einem Löffel verrühren. Nach Bedarf etwas mehr Milch hinzufügen. Den Teig in die vorbereitete Form geben und glatt streichen.

4 Mit Belegkirschen, Mandeln, Orangeatstreifen und Zitronatscheiben dekorativ belegen und 50–60 Minuten backen (Stäbchenprobe). Sollte der Kuchen zu dunkel werden, rechtzeitig mit Alufolie abdecken. Nach dem Backen den Kuchen etwa 20 Minuten in der Form ruhen lassen, dann aus der Form lösen und auf einem Kuchengitter auskühlen lassen.

Koch dich glücklich Mandeln sind aus der Weihnachtszeit gar nicht wegzudenken. Kaum ein Rezept kommt ohne sie aus, weil sie so vielseitig und abwechslungsreich sind. Ihr Gesundheitsplus: Sie verfügen über eine große Menge an ungesättigten Fettsäuren und Ballaststoffen, weshalb sie als Nervenfutter gelten.

Marshmallow Chocolate Cookies

Für ca. 40 Stück · ca. 45 Min. + ca. 10 Min. Backzeit pro Blech · leicht

ZUTATEN

75 g Weizenmehl (Type 405), 50 g Vollkornmehl
1 Prise Salz, ½ TL Backpulver, ½ TL Natron
½ TL Zimtpulver, 75 g Butter, 75 g brauner Zucker
2 Eier, 20 große Marshmallows
500 g Zartbitterkuvertüre

1 Den Ofen auf 175 °C Ober-/Unterhitze vorheizen. Ein Backbleck mit Backpapier auslegen.

2 Weizenmehl, Vollkornmehl, Salz, Backpulver, Natron und Zimt vermischen. Die Butter mit dem Zucker in einer weiteren Schüssel cremig schlagen. Die Eier nach und nach unterrühren. Die Mehlmischung unterziehen und alles zu einem geschmeidigen Teig verarbeiten.

3 Vom Teig mit einem Esslöffel Portionen abnehmen und mit großem Abstand zueinander (laufen auseinander) auf das Backblech setzen. Im Ofen 6–8 Minuten goldgelb backen.

4 Währenddessen die Marshmallows waagerecht halbieren. Die Kekse aus dem Ofen nehmen und die Marshmallows daraufsetzen. Im Ofen weitere 2 Minuten weich werden lassen. Wieder aus dem Ofen nehmen und die Marshmallows mit einer Palette flach auf die Plätzchen drücken. Auf einem Kuchengitter auskühlen lassen.

5 Die Kuvertüre hacken, in einem heißen Wasserbad schmelzen und etwas abkühlen lassen. Die Kekse nacheinander in die Schokolade tauchen, am besten mit einer Gabel arbeiten. Die Cookies komplett überziehen und abgetropft auf einem Kuchengitter mit Backpapier darunter trocknen lassen.

Koch dich glücklich Vollkornmehl kommt ganz ohne Typenbezeichnung aus. Denn hier wird alles verwendet, was das Getreidekorn so hergibt. Kein Wunder, dass es deshalb den höchsten Gehalt an gesunden Inhaltsstoffen hat, von Ballaststoffen über Mineralien bis zu B-Vitaminen.

Pecan Shortbread

14–16 Stücke · ca. 30 Min. + ca. 20 Min. Kühlzeit + ca. 1 Std. Backzeit · leicht

ZUTATEN

100 g Pekannusskerne
250 g Weizenmehl (Type 405)
85 g Puderzucker
1 TL Salz
225 g Butter plus etwas zum Einfetten

ZUM VERZIEREN

etwas Puderzucker

AUSSERDEM

1 Tarteform, 24 cm Ø

1 Die Pekannüsse in einer Pfanne ohne Fett rösten. Auskühlen lassen und fein hacken. Mit Mehl, Puderzucker und Salz vermengen. Die Butter cremig schlagen und nach und nach die Mehl-Nuss-Mischung unterkneten.

2 Den Backofen auf 150 °C Ober-/Unterhitze vorheizen. Eine Tarteform (am besten mit herausnehmbarem Boden) mit Butter ausstreichen.

3 Den Teig in die Form geben und gleichmäßig flach drücken. Mit Frischhaltefolie abgedeckt etwa 20 Minuten kalt stellen.

4 Den Teig mit einem Messer in 14–16 Stücke teilen. Im Abstand von etwa 0,5 cm mit einem Holzstäbchen einstechen und im Ofen auf der mittleren Schiene etwa 1 Stunde goldgelb backen.

5 Die Backform auf ein Kuchengitter stellen und die Kuchenstücke nochmals nachschneiden. Anschließend auskühlen lassen, mit Puderzucker bestauben und aus der Form lösen.

Koch dich glücklich Die kleine Pekannuss kommt geschmacklich ganz groß daher und ist ein wahres Energie- und Nährstoffbündel. Sie enthält verschiedene Mineralien wie Magnesium, Kalium, Kalzium und Eisen. Außerdem viele B-Vitamine und Proteine für Nerven, Gehirn und Muskeln.

Tannenbäumchen aus Shortbread-Sternen

Für 1 Bäumchen   ca. 1 Std. + ca. 30 Min. Kühlzeit + ca. 12 Min. Backzeit   mittel

FÜR DEN MÜRBETEIG

100 g Weizenmehl (Type 405) plus etwas für die Arbeitsfläche, 50 g gemahlene Mandelkerne, 2 EL fein gehackte Rosinen, 80 g Butter, 50 g Zucker, 1 Msp. Abrieb einer unbehandelten Zitrone, 1 Eigelb

ZUM VERZIEREN

weißer Rollfondant, 200 g Puderzucker
etwas Zitronensaft

1 Für den Mürbeteig das Mehl mit Mandeln und Rosinen auf die Arbeitsfläche häufen. In der Mitte eine Mulde formen und Butter in Stücken, Zucker, Zitronenabrieb und Eigelb hineingeben. Alles mit der Palette zu Krümeln hacken, anschließend schnell mit den Händen zu einem geschmeidigen Teig verarbeiten. In Frischhaltefolie gewickelt etwa 30 Minuten kalt stellen. Den Backofen auf 180 °C Ober-/Unterhitze vorheizen.

2 Den Mürbeteig auf der bemehlten Arbeitsfläche etwa 3 mm dünn ausrollen. Nach Belieben Sterne in unterschiedlichen Größen ausstechen, auf ein mit Backpapier belegtes Backblech legen und 10–12 Minuten goldgelb backen. Vom Blech lösen und auf einem Kuchengitter auskühlen lassen.

3 Den Rollfondant auf Puderzucker 2–3 mm dünn ausrollen und mehrere unterschiedlich kleine Sterne ausstechen. Etwa 125 g Puderzucker mit Zitronensaft dickcremig anrühren und in einen kleinen Spritzbeutel mit Lochtülle geben. Die ausgekühlten Plätzchen damit aufeinanderkleben, sodass ein Baum entsteht.

4 Das Bäumchen mit Zuckergusstupfen aus dem Spritzbeutel garnieren und mit Puderzucker bestauben. Die restlichen Rollfondantsterne als Deko um das Bäumchen herumlegen.

Koch dich glücklich Rosinen sind ziemlich süß und klebrig. Und gut für Zähne und Zahnfleisch. Klingt wie ein Widerspruch, stimmt aber. Denn in ihnen sind natürliche Wirkstoffe enthalten, die Bakterien am Wachstum hindern und sie davon abhalten, sich auf Zähnen festzusetzen.

Erdnussbutter-Fudge

Für ca. 50–60 Stück · ca. 45 Min. + ca. 2 Std. Kühlzeit · mittel

ZUTATEN

120 g Butter plus etwas zum Einfetten
500 g brauner Zucker
120 ml Milch (3,5 %)
175 g cremige Erdnussbutter
einige Tropfen Vanillearoma
375 g Puderzucker
100 g Zartbitterkuvertüre
100 g Erdnüsse, gehackte

1 Die Butter in einem kleinen Topf schmelzen lassen. Den braunen Zucker und die Milch unterrühren und die Mischung unter weiterem Rühren etwa 2 Minuten sprudelnd kochen lassen. Von der Herdplatte nehmen, die Erdnussbutter und das Vanillearoma unterrühren.

2 In einer Schüssel die Erdnussbutter-Mischung über den Puderzucker gießen und zu einer glatten Masse vermengen. Etwa ein Fünftel der Creme abnehmen und beiseitestellen. Die restliche Fudge-Masse zum Abkühlen in eine flache, gebutterte Form (etwa 20 × 20 cm) füllen und gleichmäßig glatt streichen. Etwa 2 Stunden abgedeckt im Kühlschrank fest werden lassen.

3 Die Kuvertüre hacken und über einem heißen Wasserbad schmelzen lassen. Zur beiseitegestellten Fudge-Masse geben und gut unterrühren. In einen Spritzbeutel mit glatter Tülle füllen und auf ein mit Backpapier belegtes Blech Tupfer aufspritzen. Mit den gehackten Erdnüssen bestreuen und ebenfalls abgedeckt kalt stellen.

4 Das Fudge anschließend aus der Form stürzen und in Würfel schneiden. Schokokaramell jeweils daraufsetzen (falls nötig, die Unterseite leicht erwärmen und andrücken).

Koch dich glücklich

Oft sind es die kleinen Dinge, die die Gesundheit fördern. Erdnüsse zum Beispiel. Vom reinen Knabberspaß mal abgesehen, versorgen sie dich mit den Mineralstoffen Eisen, Phosphor, Kalium, Kalzium und Magnesium und Spurenelementen wie Kupfer, Mangan, Zink und Fluor. Übrigens: In Erdnussflips verlieren sie ihre guten Eigenschaften.

X-mas

Schicht-Fudge-Schokoladenfrüchte

vegan

Für ca. 56 Stück   ca. 40 Min. + mind. 3 Std. Kühlzeit   mittel

ZUTATEN

6 Oblaten (à ca. 12 × 20 cm)
250 g Zucker
200 ml Kokossahne
120 g vegane Margarine
200 g vegane Marshmallow-Creme (Rice Mellow)
1 Prise Salz
1 TL Vanilleextrakt oder einige Tropfen Vanillearoma
450 g helle vegane Schokolade
200 g dunkle vegane Schokolade
75 g geschälte Nusskerne (z. B. Erdnüsse, Macadamia, Mandeln)
75 g Trockenfrüchte (z. B. Orangeat, Aprikosen, Rosinen)

ZUM VERZIEREN

getrocknete Essblütenblätter
40 g Zitronat

1 Eine eckige, flache Form (etwa 24 × 20 cm) mit Rand mit Frischhaltefolie auslegen. Den Boden deckend mit Oblaten belegen (nach Bedarf zurechtschneiden).

2 Zucker, Kokossahne, Margarine und Marshmallow-Creme mit einer Prise Salz in einen kleinen Topf geben. Unter Rühren etwa 5 Minuten sprudelnd kochen lassen. Den Topf anschließend von der Herdplatte nehmen. Vanilleextrakt oder -aroma und klein gehackte Schokolade dazugeben. Alles nach und nach gut unterrühren, bis die Schokolade völlig geschmolzen und die Creme schön geschmeidig und zart ist.

3 Nüsse und Trockenfrüchte fein hacken und unterziehen. Ein Viertel der Creme zum Verzieren abnehmen und beiseitestellen. Die Hälfte der restlichen Masse gleichmäßig auf den Oblaten verteilen. Mit Oblaten bedecken und mit dem übrigen Fudge bedecken. Mit Oblaten abschließen, leicht andrücken und im Kühlschrank etwa 3 Stunden, falls nötig auch länger, fest werden lassen.

4 Das Fudge aus der Form nehmen und die Folie abziehen. Mit einem scharfen Messer in kleine Würfel schneiden. Die restliche Creme nach Bedarf nochmals leicht erwärmen und in einen Spritzbeutel füllen. Auf die Würfel spritzen und mit Blütenblättern und fein gehacktem Zitronat garnieren. Erneut fest werden lassen.

Koch dich glücklich

Macadamia – eine richtig harte Nuss, die es zu knacken lohnt. Denn unter ihrer Schale steckt ein gesunder Kern. Neben wertvollen Omega-3- und Omega-6-Fettsäuren macht sie ihr hoher Magnesiumgehalt zu einem wahren Powerpaket, wenn du viel Sport treibst und deine Muskeln schnell regenerieren sollen.

Weihnachtsstollen

Für 1 Stollen/ca. 20 Scheiben | ca. 45 Min. + ca. 12 Std. Ruhezeit + ca. 1 Std. Backzeit | mittel

FÜR DIE FÜLLUNG

150 g Rosinen
75 g Korinthen
50 g gehackte Mandelkerne
50 g Zitronat, fein gehackt
50 g Orangeat, fein gehackt
5 cl Rum
4 Tropfen Bittermandelöl
Mark von 1 Vanilleschote

FÜR DEN TEIG

1 Würfel Hefe (42 g)
50 g Zucker
140 ml lauwarme Milch (3,5 %)
300 g Weizenmehl (Type 550)
50 g Marzipanrohmasse
2 Eier
125 g weiche Butter plus etwas zum Einfetten
½ TL Salz
200 g Weizenmehl (Type 405)

ZUM VERZIEREN

200 g flüssige Butter
125 g Puderzucker

1 Die Zutaten für die Füllung gut vermengen und abgedeckt über Nacht ziehen lassen. Für den Teig die zerbröselte Hefe mit Zucker und Milch verrühren, bis sie sich aufgelöst hat. 200 g gesiebtes Mehl (Type 550) hinzufügen und mit dem Knethaken des Handrührgeräts zu einem glatten Teig kneten. Diesen Vorteig mit Mehl bestauben und abgedeckt an einem warmen Ort 15 Minuten gehen lassen.

2 Das Marzipan würfeln, mit Eiern, weicher Butter und Salz verrühren. Das übrige Mehl mit dem Vorteig mischen und mit der Marzipan-Ei-Creme gründlich zu einem glatten Teig verarbeiten. Zuletzt die abgetropfte Füllung unterkneten. Den Teig mit Mehl bestauben und abgedeckt 1 Stunde gehen lassen, bis sich sein Volumen verdoppelt hat. Den Backofen auf 180 °C Ober-/Unterhitze vorheizen und ein Backblech mit Butter ausstreichen.

3 Den Teig auf eine Größe von etwa 20 × 30 cm ausrollen. Den ausgerollten Teig auf etwa ein Drittel Breite mit dem Handrücken leicht einkerben, die schmalere Seite über die breitere nach innen umschlagen und ganz leicht andrücken. Den Stollen auf das Backblech legen, leicht nachformen und abgedeckt nochmals etwa 20 Minuten ruhen lassen. Dann in den Backofen schieben und 50–60 Minuten backen. Nach etwa 20 Minuten Backzeit den Stollen mit etwas flüssiger Butter einpinseln, dann weiterbacken. Nach 20 Minuten wiederholen.

4 Am Ende der Backzeit den Stollen mit der restlichen flüssigen Butter bestreichen und abkühlen lassen. Dann mit der Hälfte vom Puderzucker bestauben, in Alufolie einwickeln und über Nacht ziehen lassen. Zum Servieren dünn mit Puderzucker bestauben.

Koch dich glücklich Korinthen sind nicht gleich Rosinen. Erstere sind sozusagen besondere Rosinen. Sie wurden nach der griechischen Hafenstadt Korinth benannt und werden aus der Rebsorte Korinthiaki hergestellt. Rosinen dagegen sind nichts anderes als getrocknete Weintrauben.

Minichriststollen

Für ca. 45 Stück | **ca. 45 Min. + ca. 1 Std. 30 Min. Ruhezeit + ca. 50 Min. Backzeit pro Blech** | **leicht**

ZUTATEN

400 g Weizenmehl (Type 405)
1 Würfel frische Hefe (42 g)
200 ml lauwarme Milch (3,5 %)
80 g Zucker
125 g gehackte Mandelkerne
50 g Zitronat
Salz
175 g weiche Butter
120 g Rumrosinen

ZUM VERZIEREN

125 g flüssige Butter
150 g Puderzucker

1 250 g Mehl in eine Schüssel sieben. In der Mitte eine Mulde formen und die Hefe hineinbröseln. Mit etwas Milch und 1 TL Zucker zu einem Vorteig verarbeiten und abgedeckt 30 Minuten an einem warmen Ort gehen lassen.

2 Den Vorteig mit allen restlichen Zutaten gut verarbeiten und 1 weitere Stunde abgedeckt gehen lassen.

3 Den Backofen auf 180 °C Ober-/Unterhitze vorheizen. Zwei Backbleche mit Backpapier auslegen.

4 Den Teig nochmals durchkneten, Portionen von etwa 60 g abstechen und zu kleinen Stollen formen. Diese auf die Backbleche legen und nacheinander 20–25 Minuten backen.

5 Aus dem Ofen nehmen, kurz auskühlen lassen, mit zerlassener Butter bestreichen und mit Puderzucker bestauben. Zum Servieren halbieren oder in Stücke schneiden.

Koch dich glücklich Hefe kann mehr, als nur den Teig von Kuchen und Gebäck schön locker aufzuplustern. Denn sie hat auch ziemlich viel Nährstoffpower. Besonders B-Vitamine sind reichlich enthalten. Sie sorgen für einen reibungslosen Stoffwechsel und unterstützen Muskeln und Nerven. Gut, wenn du gestresst und angespannt bist.

Früchtebrot

Für 1 Kastenform (30 × 10 cm) ca. 30 Min. + ca. 1 Std. Backzeit leicht

ZUTATEN

200 g Trockenfrüchte (z. B. Aprikosen, Pflaumen, Rosinen, Feigen)
250 ml Apfelsaft
6 Eier
175 g Zucker
200 g flüssige Butter plus etwas zum Einfetten
300 g Weizenmehl (Type 405)
150 g Roggenmehl (Type 1150)
2 EL Kakaopulver
1 EL Zimtpulver
½ TL gemahlene Gewürznelken
1 Prise gemahlener Kardamom
150 g gehackte Nusskerne (z. B. Haselnüsse, Mandeln, Pinienkerne)

1 Den Backofen auf 175 °C Umluft vorheizen.

2 Die getrockneten Früchte klein schneiden und in dem Apfelsaft einweichen.

3 Die Eier trennen, Eigelb mit Zucker und der flüssigen Butter schaumig schlagen. Beide Mehlsorten mit Kakao, Zimt, Nelken und Kardamom mischen und unterziehen. Das Eiweiß steif schlagen und mit Nüssen und abgetropften Früchten vorsichtig unter den Teig heben.

4 Eine Kastenform mit Butter ausstreichen und mit Mehl bestauben, den Teig einfüllen und glatt streichen. Etwa 1 Stunde backen (Stäbchenprobe).

5 Den Kuchen herausnehmen, abkühlen lassen und in Scheiben geschnitten servieren.

Koch dich glücklich

Glück kann man essen? Natürlich! Trockenfrüchte zum Beispiel eignen sich supergut, um deine Stimmung zu heben. Das bewirkt die Aminosäure Tryptophan, die dabei hilft, das Glückshormon Serotonin zu bilden. Daneben enthalten sie Magnesium, das dich resistenter gegen Stress macht.

Lebkuchen-Busserl

Für ca. 50 Stück ca. 50 Min. + ca. 12 Std. Kühlzeit + ca. 15 Min. Backzeit mittel

ZUTATEN

125 g geschälte Mandelkerne
50 g Datteln
ca. 200 g Weizenmehl (Type 405)
1 TL Backpulver
1 Prise Salz
½ TL Zimtpulver
½ TL Ingwerpulver
½ TL Macis
1 Msp. gemahlene Gewürznelken
50 g Orangeat
50 g Zitronat
100 g Marzipanrohmasse
125 g Aprikosenkonfitüre
4 Eier
200 g brauner Zucker

ZUM VERZIEREN

ca. 50 geschälte Mandelkerne
100 g Puderzucker

1 Die geschälten Mandelkerne in einer Pfanne ohne Fett goldgelb anrösten. Auskühlen lassen und dann im Blitzhacker fein hacken. Die Datteln entkernen und ebenfalls fein hacken. Das Mehl mit Backpulver, Salz, Zimt, Ingwer, Macis und Nelken gut vermengen. Orangeat, Zitronat und Datteln dazugeben und zusammen fein zerkleinern.

2 In eine Schüssel füllen und am besten mit den Knethaken weiterarbeiten. Nach und nach zerbröseltes Marzipan, Konfitüre, Eier, braunen Zucker und schließlich die Mehlmischung unterkneten. Abgedeckt über Nacht kalt stellen.

3 Den Backofen auf 160 °C Ober-/Unterhitze vorheizen. Ein Backblech mit Backpapier auslegen.

4 Mit einem Esslöffel etwa walnussgroße Teigportionen abstechen und zu Bällchen formen. Leicht flach drücken und nebeneinander auf das Backblech legen. Jeweils eine Mandel darauflegen und etwa 15 Minuten goldgelb backen. Mit dem Blech auf einem Kuchengitter auskühlen lassen.

5 Den Puderzucker mit 3–4 EL Wasser zu einem dünnflüssigen Guss anrühren. Die Lebkuchen aus dem Ofen nehmen, noch heiß mit dem Guss bestreichen und auf dem Blech auskühlen lassen.

Koch dich glücklich

Datteln versorgen dich mit unzähligen Mineralien: In den süßen Früchten stecken sehr viel Kalium, Kalzium, Eisen, Kupfer, Zink, Phosphor und Magnesium. Zudem sind seltene B-Vitamine wie B3 und B5 und etwas Vitamin C enthalten.

Schwarze und weiße Lebkuchen

Für ca. 20 Stück | ca. 45 Min. + ca. 1 Std. Kühlzeit + ca. 20 Min. Backzeit | mittel

ZUTATEN

25 g Orangeat
25 g Zitronat
125 g Weizenmehl (Type 405)
ca. 125 g gemahlene Nusskerne (z. B. Mandel- und Haselnusskerne)
1 TL Lebkuchengewürz
1 Ei
4 cl Rum
2 EL Vanillezucker
125 g brauner Zucker
ca. 20 Oblaten (8 cm Durchmesser)

ZUM VERZIEREN

100 g Puderzucker
1–2 EL Zitronensaft
125 g Zartbitterschokolade

1 Orangeat und Zitronat mit 1 EL Mehl in einen Zerhacker oder Mixer geben und fein hacken. Die Nüsse mit dem restlichen Mehl und dem Lebkuchengewürz vermischen. Das Ei mit Rum, Vanillezucker und braunem Zucker schaumig rühren. Orangeat, Zitronat und die Nussmischung mit einem Teigschaber gut unter die Ei-Zucker-Mischung mengen. Der Teig sollte gut formbar sein, eventuell die Menge der Nüsse leicht variieren.

2 Die Oblaten auf ein mit Backpapier ausgelegtes Backblech legen und jeweils auf die Mitte etwa 1 EL große Teigportionen setzen. Am besten mit einer befeuchteten Palette auf der Oberfläche und an den Rändern glatt streichen. Sind alle Lebkuchen geformt, etwa 1 Stunde kalt stellen, damit sie ihre Form behalten.

3 Den Backofen auf 180 °C Umluft vorheizen.

4 Die Lebkuchen etwa 20 Minuten goldgelb backen. Anschließend aus dem Ofen nehmen und auskühlen lassen.

5 Zum Verzieren Puderzucker mit Zitronensaft zu einem dicken Guss anrühren. Etwa die Hälfte der Lebkuchen damit bestreichen. Für die zweite Hälfte der Lebkuchen die Schokolade hacken, über einem heißen Wasserbad schmelzen, etwas abkühlen lassen und die abgekühlten Lebkuchen damit bestreichen. Alle Lebkuchen auf einem Kuchengitter trocknen lassen.

Koch dich glücklich

Nelken, Muskat, Kardamom, Koriander, Piment und Zimt: Das sind die typischen Bestandteile von Lebkuchengewürz. Und dass sie auch typisch für die Winterzeit sind, hat durchaus auch einen gesundheitlichen Grund. Nelken beispielsweise wirken desinfizierend und können dir helfen, Erkältungen besser und schneller zu überstehen.

24

Stutenkerle

Für 8 Stück   ca. 1 Std. + ca. 50 Min. Ruhezeit + ca. 30 Min. Backzeit pro Blech   mittel

ZUTATEN

500 g Weizenmehl (Type 405) plus etwas für die Arbeitsfläche
40 g Hefe, ca. 250 ml lauwarme Milch (3,5 %)
100 g Butter, 1 Prise Salz, 60 g Zucker
2 Eier plus 1 Eigelb zum Bestreichen

ZUM VERZIEREN

Korinthen für die Augen
grob gehackte Mandelkerne für die Nasen
Pistazienkerne für Mund und Knöpfe

1 Das Mehl in eine Schüssel sieben, in der Mitte eine Mulde formen, die Hefe hineinbröseln und mit 2 EL Milch verrühren. Mit etwas Mehl bestauben, mit einem Tuch abdecken und an einem warmen Ort etwa 20 Minuten gehen lassen, bis die Oberfläche Risse zeigt.

2 Die Butter zerlassen, Salz, Zucker und Eier hinzufügen und die Mischung zum Vorteig geben. Weitere etwa 20 Minuten abgedeckt gehen lassen.

3 Den Backofen auf 180 °C Umluft vorheizen. Zwei oder drei Backbleche mit Backpapier auslegen.

4 Den Teig auf der mit wenig Mehl bestaubten Arbeitsfläche 2 cm dick ausrollen und Männchen ausstechen. Diese mit Abstand auf die Bleche geben.

5 Das Eigelb mit 1 EL Wasser verquirlen und damit die Oberfläche bestreichen. Augen aus Korinthen eindrücken. Eine Mandelnase anbringen und den Mund und die Knöpfe mit Pistazien legen. Gut in den Teig drücken. Nochmals 10 Minuten gehen lassen, dann auf der mittleren Schiene 25–30 Minuten goldgelb backen, eventuell mit Alufolie abdecken. Vom Blech nehmen und auskühlen lassen.

Koch dich glücklich Pistazien bringen das Herz zum Hüpfen. Ja, auch weil das Knabbern Spaß macht und das Herauslösen der Kerne aus ihrer Schale fast schon etwas Meditatives hat. Gut fürs Herz sind besonders die zahlreichen ungesättigten Fettsäuren, die sich gut auf dein Herz-Kreislauf-System auswirken. Auch die Phytosterine können dazu beitragen, das Risiko für Herzerkrankungen zu senken.

Lebkuchenmänner

Für ca. 20–25 Stück · ca. 50 Min. + ca. 3 ½ Std. Kühlzeit + ca. 15 Min. Backzeit · leicht

ZUTATEN

225 g Butter, 225 g brauner Zucker, 1 Ei
350 g Rübensirup, 2 ¼ TL Zimtpulver
2 TL gemahlener Ingwer, 1 TL gemahlener Piment
1 TL Backpulver, ¼ TL Salz, ca. 475 g Weizenmehl (Type 405) plus etwas für die Arbeitsfläche

ZUM VERZIEREN

Zuckerguss, bunte Zuckerperlen

1 Die Butter mit dem Zucker schaumig schlagen. Das Ei unterrühren. Rübensirup, Zimt, Ingwer, Piment, Backpulver und Salz unterrühren, dann das Mehl nach und nach unterkneten, bis ein geschmeidiger Teig entstanden ist. Den Teig vierteln, zu Fladen formen und in Frischhaltefolie gewickelt etwa 3 Stunden kalt stellen.

2 Die Teigstücke auf der bemehlten Arbeitsfläche etwa 3 mm dünn ausrollen und Figuren ausstechen. Mit den Teigresten zum Beispiel Kleidung, Schmuck und Haare formen und damit die Figuren nach Belieben verzieren. Etwa 20 Minuten kalt stellen.

3 Den Backofen auf 190 °C Ober-/Unterhitze vorheizen. Zwei Backbleche mit Backpapier auslegen.

4 Die Lebkuchen jeweils auf den Backblechen im unteren und oberen Drittel etwa 7 Minuten backen. Dann die Bleche tauschen und weitere 6–8 Minuten druckfest zu Ende backen (oder bei 160 °C Umluft).

5 Aus dem Ofen nehmen und 5 Minuten abkühlen lassen. Anschließend auf einem Kuchengitter auskühlen lassen und nach Wunsch mit Zuckerguss und Zuckerperlen verzieren.

Koch dich glücklich Warum Ingwer dich gesund und glücklich macht? Er lindert durch die enthaltene Acetylsalicylsäure Schmerzen, hilft dir, Erkältungen vorzubeugen und zu behandeln, kurbelt den Stoffwechsel an und bekämpft sogar Reiseübelkeit.

Weiße Macarons

Für ca. 20 Stück | ca. 50 Min. + ca. 1 ¼ Std. Kühl- und Trockenzeit + ca. 15 Min. Backzeit | schwer

FÜR DIE MACARONS

150 g Puderzucker
120 g gemahlene Mandelkerne
3 Eiweiß
1 Prise Salz
55 g Zucker

FÜR DIE FÜLLUNG

3 Eiweiß
225 g Zucker
225 g zimmerwarme Butter

1 Den Backofen auf 175 °C Umluft vorheizen. Ein Backblech mit Backpapier auslegen.

2 Den Puderzucker gut mit den Mandeln vermengen. Eiweiß mit Salz schaumig schlagen. Den Zucker hinzufügen und alles steif und weiß glänzend schlagen.

3 Die Masse in einen Spritzbeutel mit großer runder Tülle füllen. Auf das Backblech gleichmäßige Baisertupfen (etwa 1,5–2 cm Durchmesser) aufspritzen. Etwa 15 Minuten antrocknen lassen und anschließend etwa 15 Minuten außen knusprig backen.
Mit dem Blech auf einem Kuchengitter auskühlen lassen.
Anschließend vorsichtig vom Backpapier lösen.

4 Für die Füllung das Eiweiß mit dem Zucker über einem heißen Wasserbad rühren, bis sich der Zucker gelöst hat (nicht zu heiß werden lassen). Anschließend von der Herdplatte nehmen und steif und glänzend schlagen. Nach und nach die Butter in Stücken untermengen und zu einer feinen Creme verrühren. In einen Spritzbeutel füllen und die Hälfte der Macarons auf der flachen Unterseite mit der Füllung bespritzen. Anschließend mit den restlichen Plätzchen zusammensetzen.

5 Etwa 1 Stunde kalt stellen.

Koch dich glücklich Mandeln enthalten viel Vitamin E, was dein Gehirn auf Trab hält, und Vitamin B1 für ein stabiles Nervenkostüm. Nebenbei sind sie wegen des hochwertigen Eiweißes ein guter Sattmacher beim kleinen Hunger zwischendurch.

Käsekuchen
mit Glühweinkirschen

Für 1 Springform (26 cm Durchmesser) ca. 1 Std. + ca. 1 Std. 25 Min. Back- und Garzeit leicht

FÜR DIE KIRSCHEN
1 Glas Sauerkirschen (720 ml)
100 ml Apfelsaft
2 Tütchen Glühweingewürz
2–3 EL Speisestärke
100 ml trockener Rotwein

FÜR DEN KUCHENBODEN
200 g Amarettini
2 EL Kakaopulver
1 TL Zimtpulver
100 g flüssige Butter
weiche Butter und Weizenmehl (Type 405) für die Form

FÜR DEN BELAG
4 Eier
200 g Zucker
2 EL Vanillezucker
1 kg Magerquark
150 g Crème fraîche
4–5 EL Speisestärke
1 Prise Salz

ZUM VERZIEREN
etwas Puderzucker

1 Die Kirschen abgießen und den Saft dabei auffangen. 3–4 EL Apfelsaft mit der Speisestärke glatt rühren und zur Seite stellen. Den Kirschsaft mit dem übrigen Apfelsaft und dem Glühweingewürz in einen Topf geben. Erhitzen und etwa 15 Minuten ziehen lassen. Dann die Stärke einrühren, einmal aufkochen und einige Minuten zu einer dicklichen Sauce einköcheln. Den Rotwein und die Kirschen einrühren, nicht mehr kochen lassen und von der Herdplatte nehmen. Das Glühweingewürz entfernen.

2 Für den Kuchenboden die Amarettini im Blitzhacker fein mahlen. Mit Kakao und Zimt mischen und die flüssige Butter untermengen. Die Kuchenform mit Butter ausstreichen und mit Mehl bestauben. Die Keksmischung am Boden gut festdrücken und kalt stellen.

3 Den Backofen auf 200 °C Ober-/Unterhitze vorheizen.

4 Für den Belag mit dem Handrührgerät die Eier gründlich mit Zucker und Vanillezucker verrühren. Den Quark und die Crème fraîche unterquirlen. Die Stärke dazusieben, Salz hinzufügen und schnell unterrühren. Auf den Boden geben, glatt streichen und etwa zwei Drittel der Kirschen darauf verteilen. Dabei einen kleinen Rand frei lassen.

5 Den Kuchen auf der zweiten Schiene von unten etwa 1 Stunde und 10 Minuten backen. Danach in der Form auskühlen lassen.

6 Zum Servieren aus der Form lösen, auf eine Kuchenplatte setzen und mit Puderzucker bestauben. Dazu die übrigen Kirschen reichen.

Koch dich glücklich Rot, knackig und erfrischend: Sauerkirschen. Reich an Mineralstoffen, Spurenelementen, Vitaminen und Polyphenolen sind sie noch dazu ein feiner Vitalstoffcocktail. Und das enthaltene Melatonin kann zur Regulierung des Schlafrhythmus beitragen.

Nussecken

Für ca. 40 Stück | ca. 35 Min. + ca. 30 Min. Kühlzeit + ca. 35 Min. Backzeit | mittel

FÜR DEN TEIG

350 g Weizenmehl (Type 405) plus etwas für die Arbeitsfläche, 80 g Zucker, 200 g kalte Butter 1 Eigelb, 20 g Honig

FÜR DEN BELAG

200 g Haselnusskerne, 200 g Mandelkerne 50 g Walnusskerne, 1 TL Zimt, 1 TL flüssiger Honig 2–3 EL süße Sahne, 2 Eiweiß

ZUM VERZIEREN

100 g Zartbitterkuvertüre

1 Das Mehl mit dem Zucker mischen, auf eine Arbeitsfläche häufen und in der Mitte eine Mulde formen. Die Butter in Stücke schneiden und um das Mehl legen. Das Eigelb mit dem Honig in die Mitte geben und alles schnell zu einem glatten Teig verarbeiten. In Folie gewickelt 30 Minuten kalt stellen.

2 Inzwischen Haselnüsse, Mandeln und Walnüsse grob hacken und mit dem Zimt vermischen. Honig, Sahne und Eiweiß unterrühren und kühl stellen.

3 Den Backofen auf 180 °C Umluft vorheizen. Ein Backblech mit Backpapier auslegen.

4 Den Teig auf der leicht bemehlten Arbeitsfläche etwa 30 × 40 cm ausrollen, auf das Blech legen und die Nussmasse gleichmäßig daraufstreichen. 30–35 Minuten backen. Aus dem Ofen nehmen, sofort in Ecken schneiden und auf einem Kuchengitter abkühlen lassen.

5 Die Kuvertüre klein hacken, über einem heißen Wasserbad schmelzen und etwas abkühlen lassen. Die Ecken des Gebäcks in die Kuvertüre tauchen und zum Trocknen auf Backpapier legen.

Koch dich glücklich Honig schmeckt nicht nur gut, sondern hat auch für die Gesundheit einige positive Eigenschaften, wie Hippokrates schon wusste. Was der gelbe Blütennektar kann? Er hilft hervorragend bei Hals- und Rachenentzündungen und wird auch gegen Einschlafstörungen eingesetzt.

Weihnachtskuchen
mit Karamell, Vanille und Zimt

Für 1 Backform (ca. 20 × 30 cm) ca. 1 Std. + ca. 30 Min. Backzeit mittel

ZUTATEN

180 g weiche Butter, 125 g Zucker
Mark von 1 Vanilleschote, 1 TL Zimtpulver
1 Prise Salz, 4 Eier, 3–4 EL Milch (3,5 %)
160 g Weizenmehl (Type 405), 2 TL Backpulver
150 g gemahlene Mandelkerne

FÜR DIE GLASUR

400 ml süße Sahne, 250 g Kandiszucker, 60 g Butter

ZUM VERZIEREN

100 g Zartbitterkuvertüre

1 Den Backofen auf 175 °C Ober-/Unterhitze vorheizen. Die Backform mit Backpapier auslegen.

2 Butter, Zucker, Vanillemark, Zimt und Salz mit dem Handrührgerät schaumig schlagen. Eier und Milch unterrühren. Das Mehl mit dem Backpulver und den gemahlenen Nüssen vermischt unterrühren.

3 Den Teig in die Form streichen und auf der mittleren Schiene 25–30 Minuten backen (Stäbchenprobe). Danach auskühlen lassen.

4 Für die Karamellglasur Sahne, Kandiszucker und Butter in einem Topf unter gelegentlichem Rühren bei geringer Temperatur etwa 30 Minuten einkochen lassen, bis die Masse hellbraun und dickflüssig ist. Wenn sie noch zu flüssig ist, weiter einkochen. Etwas abkühlen lassen und den Kuchen damit gleichmäßig bestreichen.

5 Zum Garnieren die Kuvertüre hacken, schmelzen und wieder abkühlen lassen. Die Schokolade gitterartig auf die Karamellcreme auftragen und fest werden lassen. Den Kuchen aus der Form lösen, und nach Belieben in kleine Stücke schneiden.

Koch dich glücklich

Zimt fördert gleich mit mehreren Hundert Substanzen deine Gesundheit. Seine bekannteste und faszinierendste Eigenschaft ist seine blutzuckersenkende Wirkung. Darüber hinaus verbessert Zimt den Blutfettspiegel, regt den Kreislauf an und schützt die Blutgefäße. Alles tolle Gründe, das Gewürz nicht nur zur Weihnachtszeit zu verwenden.

Bratapfel-Cupcakes
mit Spekulatius

Für 12 Stück ca. 40 Min. + ca. 20 Min. Backzeit leicht

FÜR DIE CUPCAKES

75 g Marzipanrohmasse
1 großer Apfel
2 EL Butter
2 EL flüssiger Honig
1 EL Zitronensaft
1 Ei
60 ml Sonnenblumenöl
225 g Weizenmehl (Type 405)
2 TL Backpulver
½ TL Natron
Salz
1 Pck. Vanillezucker
75 g Zucker
3 EL gehackte Mandelkerne
2 EL Rosinen

FÜR DAS TOPPING

ca. 16 Spekulatiusplätzchen
350–400 ml süße Sahne
2 EL Puderzucker
1 ½ Pck. Sahnesteif

1 Das Marzipan fein würfeln. Den Apfel schälen, vierteln, das Kerngehäuse entfernen und das Fruchtfleisch in Würfel schneiden. Die Butter in einer heißen Pfanne zerlassen, die Apfelwürfel darin leicht goldgelb braten, mit dem Honig beträufeln und karamellisieren lassen. Von der Herdplatte nehmen, mit dem Zitronensaft beträufeln und abkühlen lassen.

2 Den Backofen auf 200 °C Ober-/Unterhitze vorheizen. Die Mulden eines Muffinblechs mit Papierförmchen auslegen.

3 Das Ei in einer großen Schüssel mit dem Öl verquirlen. Mehl, Backpulver, Natron, 1 Prise Salz, Vanillezucker, Zucker und Mandeln mischen und unter das Ei rühren. Rosinen, Marzipan und Bratapfelwürfel hinzufügen und nur kurz unterrühren, bis alle Zutaten gemischt sind. Den Teig in die Förmchen füllen und etwa 20 Minuten backen (Stäbchenprobe). Aus dem Ofen nehmen und abkühlen lassen.

4 Für das Topping acht bis zehn Spekulatius fein zerbröseln oder im Blitzhacker zu Krümeln mahlen. Die Sahne mit Puderzucker und Sahnesteif aufschlagen, bis sie steif ist. Die Brösel unterziehen, die Sahne in einen Spritzbeutel mit großer Lochtülle geben und auf die Cupcakes spritzen. Mit je einem halben Spekulatius garnieren und sofort servieren.

Koch dich glücklich An apple a day keeps the doctor away. Dieser Spruch kommt wirklich nicht von ungefähr. Denn so viele Vitamine, Mineralstoffe, Ballaststoffe und Spurenelemente sind in kaum einem anderen Lebensmittel. Damit stärken sie das Immunsystem, fördern die Konzentration und halten die Arterien sauber. Sogar für weißere Zähne und eine reinere Haut sind sie gut.

Zutatenregister

T

V, W

Z

Rezeptregister

Produktmanagement: Anna Geistbeck
Assistenz: Raffaela Niermann, Laura Posset
Textredaktion: Doreen Köstler
Korrektur: Gertraud Müller
Layout + Satz: Martin Feuerstein, Wigel
Umschlaggestaltung: Helene Avtuschko
Repro: LUDWIG:media, Zell am See
Herstellung: Barbara Uhlig

Printed in Slovenia by Florjancic

★★★★★

Sind Sie mit diesem Titel zufrieden?
Dann würden wir uns über Ihre Weiterempfehlung freuen. Erzählen Sie es im Freundeskreis, berichten Sie Ihrem Buchhändler, oder bewerten Sie bei Onlinekauf. Und wenn Sie Kritik, Korrekturen, Aktualisierungen haben, freuen wir uns über Ihre Nachricht an: Christian Verlag, Postfach 40 02 09, D-80702 München oder per E-Mail an lektorat@verlagshaus.de.

Bildnachweis

Umschlag Vorderseite: Eising Studio – Food Photo & Video (StockFood); Klappe vorne: Anke Schütz (StockFood); Klappe hinten: Alexander Raths (Shutterstock); Rückseite: Eising Studio – Food Photo & Video (StockFood)

Innenteil Stockfood: Christine Bauer: 21; Oliver Brachat: 44, 47, 61, 91; Maria Brinkop: 24, 89; Rua Castilho: 53; Eising Studio – Food Photo & Video: 4, 19, 23, 27, 31, 32, 35, 37, 38, 41, 43, 51, 59, 62, 68, 77, 78, 83, 84, 87, 95, 99, 101, 107; Gallo Images Pty Ltd.: 79, 85; Winfried Heinze: 72; Alena Hrbková: 45; Jo Kirchherr: 54, 73, 98, 103; Kramp + Gölling: 104; Joana Leitão: 81; Ira Leoni: 92; Jana Liebenstein: 48; Patricia Miceli: 63; Karl Newedel: 25; Alexandra Panella: 82; People Pictures: 33; Lars Ranek: 105; Manuela Rüther: 97; Wolfgang Schardt: 60, 65, 67, 71, 75; Martina Schindler: 55, 57, 69; Ulrike Schmid: 93; Anke Schütz: 29; Veronika Studer: 39; Franziska Taube: 49; Shutterstock: bitt24: 6/7; Elena P.: 14 unten links; Yulia Furman: 10 Mitte rechts; Gorbenko Olena: 14 unten rechts; grafvision: 8 unten links; HandmadePictures: 11 Mitte rechts; jeehyun: 8 unten rechts; jeka84: 9 oben links; matka_Wariatka: 9 oben rechts, 16/17; nednapa: 11 oben rechts; Quanthem: 9 unten links; Elena Shashkina: 12/13; successo images: 10 unten rechts

Unser komplettes Programm finden Sie unter www.christian-verlag.de

Alle Angaben dieses Werkes wurden von den Autoren sorgfältig recherchiert und auf den neuesten Stand gebracht sowie vom Verlag geprüft. Für die Richtigkeit der Angaben kann jedoch keine Haftung übernommen werden.

Die Deutsche Nationalbibliothek verzeichnet diese Publikation in der Deutschen Nationalbibliografie; detaillierte bibliografische Daten sind im Internet über http://dnb.d-nb.de abrufbar.

ISBN 978-3-95961-039-1